高等职业教育"十三五"精品规划教材·汽车类

汽车电控辅助系统

主编　汪小孟

北京理工大学出版社

BEIJING INSTITUTE OF TECHNOLOGY PRESS

图书在版编目（CIP）数据

汽车电控辅助系统 / 汪小孟主编. —北京：北京理工大学出版社，2018.6（2018.7 重印）
ISBN 978-7-5682-5871-5

Ⅰ. ①汽… Ⅱ. ①汪… Ⅲ. ①汽车–电子系统–控制系统–高等学校–教材 Ⅳ. ①U463.6

中国版本图书馆 CIP 数据核字（2018）第 155085 号

出版发行 /	北京理工大学出版社有限责任公司	
社　　址 /	北京市海淀区中关村南大街 5 号	
邮　　编 /	100081	
电　　话 /	（010）68914775（总编室）	
	（010）82562903（教材售后服务热线）	
	（010）68948351（其他图书服务热线）	
网　　址 /	http://www.bitpress.com.cn	
经　　销 /	全国各地新华书店	
印　　刷 /	三河市天利华印刷装订有限公司	
开　　本 /	787 毫米×1092 毫米　1/16	
印　　张 /	14	责任编辑 / 张鑫星
字　　数 /	329 千字	文案编辑 / 张鑫星
版　　次 /	2018 年 6 月第 1 版　2018 年 7 月第 2 次印刷	责任校对 / 周瑞红
定　　价 /	36.00 元	责任印制 / 李　洋

前　言

近年来，随着我国汽车保有量的迅速增加，为满足环保、节能、安全和舒适等要求，电子控制技术已在汽车上得到了广泛应用，同时对汽车维修人员的维修技能提出了更高的要求，对维修人员进行专业培训也凸显出来。

高端汽车装备制造业是国家战略性新兴产业的重要内容，当今世界汽车装备制造业正处于技术大变革、产业大调整时代，而贯穿这一时代的主线是汽车电子化、电动化、信息化和智能化。汽车电子控制技术既是燃油汽车和燃气汽车的关键共性技术，也是新能源汽车和智能汽车的关键共性技术。

本书介绍了近年来出现的一些汽车行业的新知识、新技术、新成果，内容涉及节能环保、智能安全、新一代信息技术等多个方面。随着《中国制造 2025》规划的出台，节能与新能源汽车、智能网联汽车、车联网、机器人、汽车电子智能化等成为汽车工业发展的重要方向，而本书正是顺应这一形势发展而出版的。

本书共分六章，主要介绍了汽车行驶安全性控制系统，包括汽车防抱死制动系统（ABS）、电控空气悬架系统（ECS）、巡航控制系统（CCS）、安全气囊系统（SRS）、电子控制动力转向系统（EPS）、防盗系统等。

本书六个章节由四川托普信息技术职业学院汪小孟老师独立完成编写。同时得到了各位同行和企业专家的指导和支持，在此表示衷心感谢。

本书可作为高等院校汽车类专业（方向）的教材，也可作为高等职业院校汽车类相关专业的教材，可供从事汽车电子控制技术应用与研究的工程技术人员及维修人员借鉴参考。

由于编者的水平有限，书中难免有疏漏或不当之处，欢迎广大读者批评和指正。

编　者

目　　录

第一章 ABS 防抱死制动系统的结构与维修

第一节 ABS 系统结构简介

一、ABS 系统的基本组成

防抱死制动系统是一种主动安全装置，其英文名称是 Anti-lock Braking System 或 Anti-skid Braking System，缩写为 ABS。它是在汽车原有制动系统的基础上，增设了一套电子控制装置。ABS 系统能够防止车轮抱死，具有制动时方向稳定性好、制动时仍有转向能力、缩短制动距离等优点。ABS 系统主要由 ABS 控制器（包括电子控制单元、液压控制单元、液压泵等），4 个车轮转速传感器，ABS 故障警告灯，制动装置故障警告灯等组成，如图 1-1 所示。

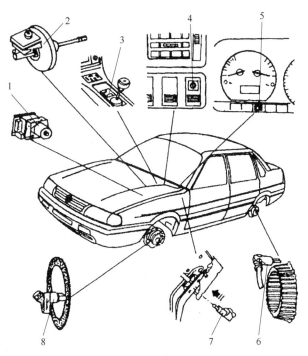

图 1-1 ABS 系统的组成

1—ABS 控制器；2—制动主缸和真空助力器；3—自诊断插口；4—ABS 故障警告灯（K47）；5—制动装置故障警告灯（K118）；
6—后轮转速传感器（G44/G46）；7—制动灯开关（F）；8—前轮转速传感器（G45/G47）

ABS 系统的基本工作原理是：汽车在制动过程中，车轮转速传感器不断把各个车轮的转速信号及时输送给 ABS 电子控制单元（ECU），ABS ECU 根据设定的控制逻辑对 4 个转速传感器输入的信号进行处理，计算汽车的参考车速、各车轮速度和减速度，确定各车轮的滑移率。如果某个车轮的滑移率超过设定值，ABS ECU 就发出指令控制液压控制单元，使该车轮制动轮缸中的制动压力减小；如果某个车轮的滑移率还没达到设定值，ABS ECU 就控制液压控制单元，使该车轮的制动压力增大；如果某个车轮的滑移率接近于设定值，ABS ECU 就控制液压控制单元，使该车轮制动压力保持一定，从而使各个车轮的滑移率保持在理想的范围之内，防止 4 个车轮完全抱死。

在制动过程中，如果车轮没有抱死趋势，ABS 系统将不参与制动压力控制，此时制动过程与常规制动系统相同。

如果 ABS 出现故障，电子控制单元将不再对液压控制单元进行控制，并将仪表板上的 ABS 故障警告灯点亮，向驾驶员发出警告信号，此时 ABS 不起作用，制动过程将与没有 ABS 的常规制动系统的工作相同。

二、ABS 系统的分类

1. 按 ABS 液压调节器结构形式

ABS 系统可分为整体式和分离式两种类型。整体式 ABS，制动主缸和制动压力调节器结合为一个整体。分离式 ABS，将制动压力调节器和制动主缸分离为独立的总成，两总成之间用高、低压管路连接。

2. 按 ABS 电子控制单元控制通道数量

ABS 系统分为三通道 ABS 和四通道 ABS 两种类型。在三通道 ABS 系统中，电子控制单元对三路制动压力进行独立的调节控制。一般两个前轮制动压力分别控制，两个后轮制动压力按低选原则（在两个后轮中，以制动附着系数小的一侧为依据，同时控制两个后轮制动压力的原则）一同控制。四通道 ABS 系统，电子控制单元对四路制动压力进行独立调节，对 4 个车轮的制动滑移率分别控制。

由于 ABS 的类型较多，这里以桑塔纳 2000 GSi 型轿车采用的美国 ITT 公司 MK20-Ⅰ型 ABS 为例进行介绍。它是三通道 ABS 调节回路，前轮单独调节，后轮则以两轮中地面附着系数低的一侧为依据统一调节。

三、ABS 系统的主要部件结构与工作原理

1. 车轮转速传感器

车轮转速传感器的作用是将车轮的转速信号传给 ABS 电子控制单元。桑塔纳 2000 GSi MK20-Ⅰ型 ABS 系统共有 4 个车轮转速传感器，前车轮的齿圈（43 齿）安装在传动轴上，转速传感器安装在转向节上，如图 1-2 所示。后车轮的齿圈（43 齿）安装在后轮毂上，转速传感器则安装在固定支架上，如图 1-3 所示。

传感器由电磁感应式传感头和磁性齿圈组成。传感头由永久磁芯和感应线圈组成，齿圈由铁磁性材料制成。当齿圈旋转时，齿顶与齿隙轮流交替对向磁芯，当齿圈转动到齿顶与传感头磁芯相对时，传感头磁芯与齿圈之间的间隙最小，由永久磁芯产生的磁力线容易通过齿圈，感应线圈周围的磁场增强，如图 1-4（a）所示；而当齿圈转动到齿隙与传感头磁芯相对时，传感头磁芯与齿圈之间的间隙最大，由永久磁芯产生的磁力线不容易通过齿圈，感应线圈周围的磁场减弱，如图 1-4（b）所示。此时，磁通迅速交替变化，在感应线圈中就会产生

交变电压，交变电压的频率将随车轮转速呈正比例变化。电子控制单元可以通过转速传感器输入的电压脉冲频率进行处理来确定车轮的转速、汽车的参考速度等。

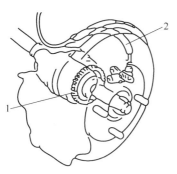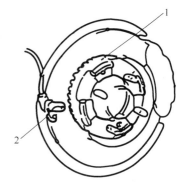

图1-2　前车轮转速传感器（G45/G47）安装位置　　图1-3　后车轮转速传感器（G44/G46）安装位置

1—齿圈；2—前车轮转速传感器　　　　　　　　　　　1—齿圈；2—后车轮转速传感器

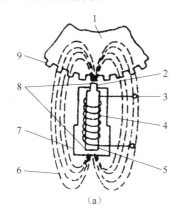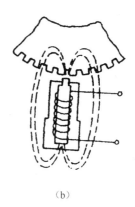

（a）　　　　　　　　　　　　　　　（b）

图1-4　车轮转速传感器的工作原理

（a）齿圈齿顶与传感头磁芯相对时；（b）齿圈齿隙与传感头磁芯相对时

1—齿圈；2—磁芯端部齿；3—感应线圈端子；4—感应线圈；5—磁芯套；6—磁力线；7—磁场；8—磁芯；9—齿顶

2. ABS控制器

ABS控制器由ABS电子控制单元（J104）、液压控制单元（N55）、液压泵（V64）等组成。

1）电子控制单元

电子控制单元是ABS系统的控制中心，它实际上是一个微型计算机，所以又常称为ABS ECU。ABS ECU由输入电路、数字控制器、输出电路和警告电路组成。其主要任务是连续监测、接收4个车轮转速传感器送来的脉冲信号，并进行测量比较、分析放大和判别处理，计算出车轮转速、车轮减速度以及制动滑移率，再进行逻辑比较、分析4个车轮的制动情况，一旦判断出车轮将要抱死，它立刻进入防抱死控制状态，通过电子控制单元向液压控制单元发出指令，以控制制动轮缸油路上电磁阀的通断和液压泵的工作来调节制动压力，防止车轮抱死。

ABS ECU还不断地对自身工作进行监控。由于ABS ECU中有两个完全相同的微处理器，它们按照同样的程序对输入信号进行处理，并将其产生的中间结果与最终结果进行比较，一旦发现结果不一致，即判定自身存在故障，它会自动关闭ABS系统。此外ABS ECU还不断监视

ABS 系统中其他部件的工作情况,一旦 ABS 系统出现故障,如车轮速度信号消失、液压压力降低等,ABS ECU 会发出指令而关闭 ABS 系统,并使常规制动系统工作,同时将故障信息存储记忆并将仪表板上的 ABS 故障警告灯点亮,向驾驶员发出警示信号,此时应及时检查修理。

当点火开关接通时,ABS ECU 就开始进行自检程序,对系统进行自检,此时 ABS 故障警告灯点亮。如果自检以后发现 ABS 系统存在影响其正常工作的故障,它将关闭 ABS 系统,恢复常规制动系统,仪表板上 ABS 故障灯一直点亮,警告驾驶员 ABS 系统存在故障。自检结束后,ABS 故障警告灯就熄灭,表明系统工作正常。由于自检过程大约需要 2 s,因此,在正常情况下,当点火开关接通时,ABS 故障警告灯点亮 2 s,然后再自动熄灭,是正常的。反之如果点火开关接通时,ABS 故障警告灯不亮,说明 ABS 故障警告灯或其线路存在故障,应对其进行检修。

2)液压控制单元和液压泵

液压控制单元装在制动主缸与制动轮缸之间,采用整体式结构,如图 1-5 所示。其主要任务是转换执行 ABS ECU 的指令,自动调节制动器中的液压压力。

低压储液罐与电动液压泵合为一体装于液压控制单元上。低压储液罐的作用是暂时存储从轮缸中流出的制动液,以缓和制动液从制动轮缸中流出时产生的脉动。电动液压泵的作用是将在制动压力阶段流入低压储液罐中的制动液及时送至制动主缸,同时在施加压力阶段,从低压储液罐中吸取剩余制动力,泵入制动循环系统,给液压系统以压力支持,增加制动效能。电动液压泵的运转是由电子控制单元控制的。

液压控制单元(N55)阀体内包括 8 个电磁阀,每个回路各一对,其中一个是常开进油阀,一个是常闭出油阀。它在制动主缸、制动轮缸和回油路之间建立联系,实现压力升高、压力保持和压力降低的功能,防止车轮抱死,其工作原理如下:

(1)开始制动阶段(系统油压建立)。

开始制动时,驾驶员踩制动踏板,制动压力由制动主缸产生,经常开的不带电压的进油阀作用到车轮制动轮缸上,此时,不带电压的出油阀依然关闭,ABS 系统没有参与控制,整个过程和常规液压制动系统相同,制动压力不断上升,如图 1-6 所示。

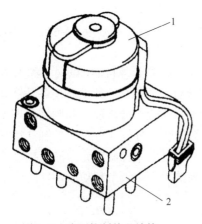

图 1-5 液压控制单元结构

1—带低压储液罐的电动液压泵;2—液压控制单元

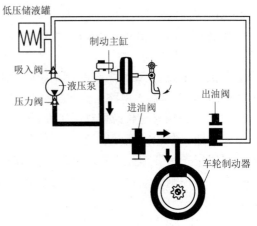

图 1-6 系统油压的建立

（2）油压保持。

当驾驶员继续踩制动踏板，油压继续升高到车轮出现抱死趋势时，ABS电子控制单元发出指令使进油阀通电并关闭阀门，出油阀依然不带电压仍保持关闭，系统油压保持不变，如图1-7所示。

（3）油压降低。

若制动压力保持不变，车轮有抱死趋势时，ABS ECU给出油阀通电打开出油阀，系统油压通过低压储液罐降低油压，此时进油阀继续通电保持关闭状态，有抱死趋势的车轮被释放，车轮转速开始上升。与此同时，电动液压泵开始起动，将制动液由低压储液罐送至制动主缸，如图1-8所示。

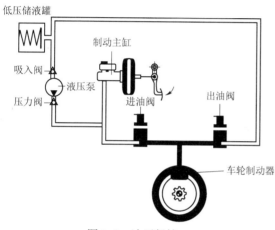

图1-7　油压保持

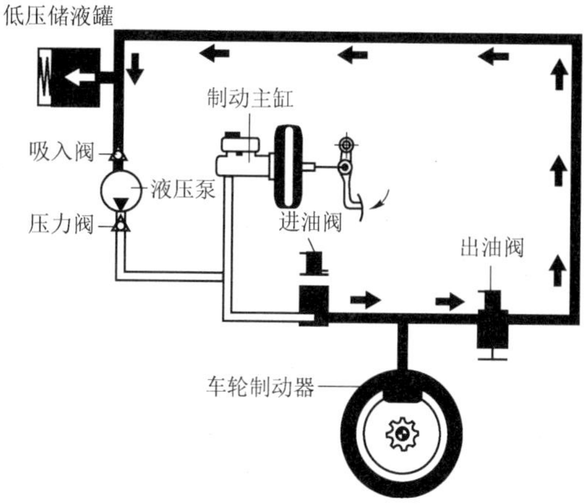

图1-8　油压降低

（4）油压增加。

为了使制动最优化，当车轮转速增加到一定值后，电子控制单元给出油阀断电，关闭此阀门，进油阀同样也不带电而打开，电动液压泵继续工作从低压储液罐中吸取制动液泵入液压制动系统，如图1-9所示。随着制动压力的增加，车轮转速又降低，这样反复循环地控制（工作频率为5～6次/s，将车轮的滑移率始终控制在20%左右）。

如果ABS系统出现故障，进油阀始终常开，出油阀始终常闭，使常规液压制动系统继续工作而ABS系统不工作，直到ABS系统故障排除为止。

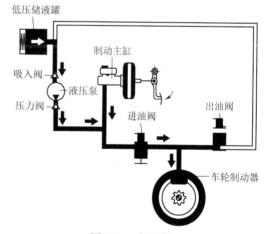

图1-9　油压增加

3）故障警告灯

ABS系统在仪表板及仪表板附加部件上装有两个故障警告灯，一个是ABS故障警告灯（K47），另一个是制动装置故障警告灯（K118）。

两个故障警告灯正常点亮的情况是：当点火开关打开起动至自检结束（大约2 s）；在拉

紧驻车制动装置时警告灯（K118）点亮。如果上述情况灯不亮，说明故障警告灯本身或线路有故障。

如果 ABS 故障警告灯常亮，说明 ABS 系统出现故障；如果制动装置故障警告灯常亮，说明制动液缺乏。

MK20-Ⅰ型 ABS 系统电路图，如图 1-10 所示。

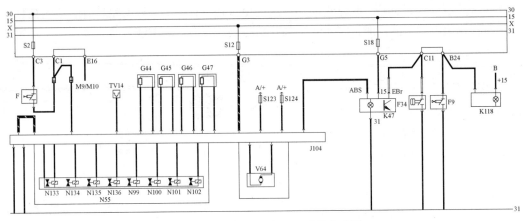

图 1-10　MK20-Ⅰ型 ABS 系统电路图

A—蓄电池；B—在仪表内+15；F—制动灯开关；F9—驻车制动指示灯开关；F34—制动液位报警信号开关；G44—右后轮转速传感器；G45—右前轮转速传感器；G46—左后轮转速传感器；G47—左前轮转速传感器；J104—ABS 及 EBV 的电子控制单元；K47—ABS 故障警告灯；K118—制动装置故障警告灯；M9—左制动灯；M10—右制动灯；N55—ABS 及 EBV 的液压单元；N99—ABS 右前进油阀；N100—ABS 右前出油阀；N101—ABS 左前进油阀；N102—ABS 左前出油阀；N133—ABS 右后进油阀；N134—ABS 右后出油阀；N135—ABS 左后进油阀；N136—ABS 左后出油阀；S2、S18—熔断丝（10 A）；S12—熔断丝（15 A）；S123、S124—液压泵熔断丝（30 A）；TV14—诊断插口；V64—ABS 液压泵

四、ABS 系统的检修注意事项

（1）系统发生故障由 ABS 故障警告灯（K47）和制动装置故障警告灯（K118）指示。某些故障只能在车速超过 20 km/h 后才能被检测到。

（2）如果 ABS 故障警告灯（K47）和制动装置故障警告灯（K118）不亮，但制动效果仍不理想，则可能是系统放气不干净或在常规制动系统中存在故障。

（3）对 ABS 系统修理前，为了检查故障所在，应先用 V.A.G1552 故障诊断仪查询故障代码。

（4）拔 ABS 电气插头之前，必须关闭点火开关。

（5）开始修理前，应关闭点火开关，从蓄电池上拆下接地线。

（6）ABS 系统工作必须绝对清洁，绝不能使用含矿物油的物质，如机油或油脂。

（7）拆卸前必须彻底清洁连接点和支撑面，绝不要使用像汽油、稀释剂等类似的清洁剂。

（8）拆下的零件必须放在干净的地方，并且覆盖好。

（9）把 ABS ECU 和液压控制单元分开后，必须把液压控制单元放在专用支架上以免在搬运中碰坏阀体。

（10）拆下的元件如果不能立刻完成修理工作，必须小心地盖好或者用塞子封闭。

（11）不要使用起毛的抹布。

（12）配件要在安装前才从包装内取出。

（13）必须使用原装配件。

（14）系统打开后不要使用压缩空气，也不要移动车辆。

（15）注意不要让制动液流到线束插头内。

（16）打开制动系统完成作业后，用专用工具 VW1238A 制动液充放机与 V.A.G1552 故障诊断仪配合使用，对系统进行放气。

（17）在试车中，至少进行一次紧急制动。当 ABS 正常工作时，会在制动踏板上感到有反弹，并可感觉到车速迅速降低而且平稳。

第二节　ABS 系统故障诊断与排除

一、故障诊断

1. V.A.G1552 故障诊断仪操作方法及功能简介

ABS 系统故障诊断可使用 V.A.G1552 故障诊断仪来操作。

1）V.A.G1552 操作方法

（1）在断电情况下，将 V.A.G1552 故障诊断仪与诊断插口连接后，打开点火开关。

（2）键入"03"后按"Q"键，即进入 ABS 工作环境。

（3）键入所需的功能代码。

（4）键入"06"后按"Q"键，退出。

（5）在断电后，拆下 V.A.G1552 故障诊断仪。

2）功能简介

功能 01—状态信息显示；功能 02—查询故障代码；功能 03—制动电子系统；功能 04—加液排气；功能 05—清除故障代码；功能 06—结束输出；功能 07—控制单元编码；功能 08—读取测量数据块（如轮速信号等）。

3）功能键

"C"键—取消，更改输入数据及当前菜单；"Q"键—确认输入；"→"键—下一步；HELP 键—帮助信息。

2. 查询和清除故障代码

在功能选择处输入 02，按"Q"键将显示故障数量。之后按"→"键，将依次显示每一故障的故障代码和内容。

在功能选择处输入 05，按"Q"键即可清除故障代码。如果故障代码无法清除，表示这个故障代码代表的故障一直存在。如果存储的故障可以消除，表示这是一个偶发性故障，须在实车行驶时才能重新检测到。

故障代码的显示方式，如表 1-1 所示。

表1-1　故障代码的显示方式

系　统　问　题		显　示　代　码
目前没有问题 （ABS 警告灯不亮）	以前不曾发生	无故障代码
	以前曾发生	偶发性故障代码
故障仍存在 （ABS 警告灯亮）		非偶发性故障代码
		偶发性故障代码和非偶发性故障代码

1）查询故障代码

（1）将 V.A.G1552 故障诊断仪与诊断接口相连接（图1-11），如果屏幕上无显示，则应检查自诊断的插口，打开点火开关，屏幕显示：

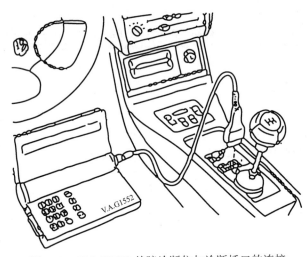

图1-11　V.A.G1552 故障诊断仪与诊断插口的连接

Test of vehicle systems	HELP
Insert address word XX	
汽车系统测试	帮助
输入地址指令 XX	

（2）输入地址码03"制动电子系统"，屏幕显示：

Test of vehicle systems	Q
03 Brake electronics	
汽车系统测试	确认
03—制动电子系统	

（3）按"Q"键确认，屏幕显示：

3A0 907 379 ABS ITT AE 20 GI VOD	
Coding 04505	WCS XXXXX
3A0 907 379 ABS ITT AE 20 GI VOD	
编码 04505	WCS XXXXX

其中，3A0 907 379 ABS 为控制单元零件号；ITT AE 20 GI 为公司 ABS 产品型号；VOD 为软件版本；Coding 04505 为控制单元编码号；WCS XXXXX 为维修站代码。

（4）按"→"键，屏幕显示：

Test of vehicle systems	HELP
Select function XX	
汽车系统测试	帮助
选择功能 XX	

（5）输入地址码 02"查询故障代码"功能，屏幕显示：

Test of vehicle systems	Q
02—Interrogate fault memory	
汽车系统测试	确认
02—查询故障代码	

（6）按"Q"键确认。然后在显示器上出现所存储的故障数量，或者"未发现故障"。

X　Faults recognized
发现 X 个故障

No　faults recognized
未发现故障

（7）按"→"键，所显示的故障依次显示出来。故障显示完毕后，按"→"键返回初始位置。

2）清除故障代码和结束输出

（1）查询故障代码后，屏幕显示：

Test of vehicle systems	HELP
Select function XX	
汽车系统测试	帮助
选择功能 XX	

（2）输入地址码 05"清除故障代码"功能，屏幕显示：

Test of vehicle systems	Q
05—Erase fault memory	
汽车系统测试	确认
05—清除故障代码	

（3）按"Q"键确认，屏幕显示：

Test of vehicle systems	HELP
Fault memory is erased!	
汽车系统测试	帮助
故障存储已被清除	

（4）按"→"键，如果在屏幕上显示"Attention! Fault memory has not been interrogated"（注意：故障存储未被查询），则检测过程有缺陷，应遵循正确的检测过程，即先查询再清除故障代码，屏幕显示：

Test of vehicle systems	HELP
Select function XX	
汽车系统测试	帮助
选择功能 XX	

（5）输入06"结束输出"功能，屏幕显示：

Test of vehicle systems	Q
06—end output	
汽车系统测试	确认
06—结束输出	

（6）按"Q"键确认，屏幕显示：

Test of vehicle systems	HELP
Enter address XX	
汽车系统测试	帮助
输入地址指令 XX	

（7）输入地址码02"查询故障代码"功能。关闭点火开关，拔下 V.A.G1552 故障诊断仪的插头。打开点火开关后，ABS 故障警告灯 K47 和制动装置故障警告灯 K118 亮约 2 s 后必须熄灭。

3）控制器编码

通常 ABS 控制器在车辆出厂时已经编过码，维修供应的 ABS 控制器配件则没有编过码，因此，更换 ABS 控制器后须用 V.A.G1552 重新编码。如果控制单元没有编码（CODE 00000）或编码错误，ABS 故障警告灯和制动装置故障警告灯闪（1 次/s）。

（1）连接 V.A.G1552 故障诊断仪，选择03"制动电子系统"，屏幕显示：

Test of vehicle systems	HELP
Select function XX	
汽车系统测试	帮助
选择功能 XX	

（2）输入地址码07"控制单元编码"功能，屏幕显示：

Test of vehicle systems	Q
07—Code control unit	
汽车系统测试	确认
07—控制单元编码	

（3）按"Q"键确认，屏幕显示：

Code control unit	Q
Enter code number	XXXXX（0～32 000）
控制单元编码	确认
输入编码	XXXXX（0～32 000）

（4）输入 MK20–Ⅰ型 ABS 系统编码号 04505，屏幕显示：

| Coding 04505 | WSC XXXXX |
| 编码 04505 | WSC XXXXX |

（5）按"→"键，屏幕显示：

Test of vehicle systems	HELP
Select function XX	
汽车系统测试	帮助
选择功能 XX	

（6）输入 06"结束输出"，按"Q"键确认。

4）读取测量数据块

功能 08"读取测量数据块"中，01 和 02"显示组"可用于检测转速传感器工作情况，03"显示组"可用于检测制动灯开关的功能。

（1）连接 V.A.G1552 故障诊断仪，输入地址码 03"制动电子系统"，屏幕显示：

Test of vehicle systems	HELP
Select function XX	
汽车系统测试	帮助
选择功能 XX	

（2）输入 08"读取测量数据块"功能，按"Q"键确认，屏幕显示：

Read measuring value block	Q ·
Enter display group number	XX
读取测量数据块	确认
输入显示组号 XX	

（3）输入显示组"01"，按"Q"键确认，屏幕显示（汽车静止时）：

| Read measuring value block 1 → |
| 0 km/h 0 km/h 0 km/h 0 km/h |
| 读取测量数据块 1 → |
| 0 km/h 0 km/h 0 km/h 0 km/h |

（4）为了检查转速传感器工作情况，必须用举升机升起车辆，使四个轮离地，另一修理工用手转动车轮，屏幕显示（用手转动车轮时）：

| Read measuring value block 1 → |
| 1   2   3   4 |
| 读取测量数据块 1 → |
| 1   2   3   4 |

其中，显示区域 1、2、3 和 4 分别是用手转动左前轮、右前轮、左后轮和右后轮的速度，单位是 km/h，范围为 0～255。

（5）按"↑"键，进入下一个显示组，屏幕显示（汽车静止时）：

| Read measuring value block 2 → |
| 255 km/h 255 km/h 255 km/h 255 km/h |
| 读取测量数据块 2 → |
| 255 km/h 255 km/h 255 km/h 255 km/h |

（6）放下汽车，缓慢行驶，屏幕显示（缓慢行驶时）：

| Read measuring value block 2 → |
| 3 km/h 6 km/h 2 km/h 1 km/h |
| 读取测量数据块 2 → |
| 3 km/h 6 km/h 2 km/h 1 km/h |

其中，区域 1 和 2 的数据偏差＜6 km/h 为正常，区域 3 和 4 的数据偏差＜2 km/h 为正常。

（7）按"↑"键，屏幕显示：

| Read measuring value block 3 |
| 0 |
| 读取测量数据块 3 |
| 0 |

其中，不踩制动踏板时为 0，踩制动踏板时应为 1。

5）最终控制诊断

最终控制诊断是自诊断检查之一，液压泵和液压循环的正确功能可以用最终控制诊断，通过交替开闭阀门和释放压力来检查。检查前将车辆升起，四轮离地，一个人坐在驾驶座位上，同时操作 V.A.G1552 故障诊断仪，另一个人在车外转动车轮。先踩几次制动踏板排尽真空，为了获得有真空加力时相同的制动压力，踩制动踏板力必须增加。

（1）打开点火开关，松开手制动杆，连接 V.A.G1552 故障诊断仪，选择 03 地址码"制动电子系统"，屏幕显示：

Test of vehicle systems	HELP
Select function XX	
汽车系统测试	帮助
选择功能 XX	

（2）输入 03 "最终控制诊断"功能，屏幕显示：

Test of vehicle systems	Q
03 Final control diagnosis	
汽车系统测试	Q
03 最终控制诊断	

（3）按"Q"键确认。在以下工作程序 ABS 故障警告灯闪亮（2 次/s），制动装置故障警告灯闪亮（4 次/s）。ABS 液压泵 V64 必须工作，屏幕显示：

Final control diagnosis	→
ABS hydraulic pump–V64	
最终控制诊断	→
ABS 液压泵–V64	

（4）在 60 s 内必须按"→"键，不必踩制动踏板，屏幕显示：

Final control diagnosis	→
Operate brakes	
最终控制诊断	→
踩下制动踏板	

（5）按"→"键，屏幕显示：

Final control diagnosis	→	
IFL 0 V OFL 0 V	Wheel FL locked	
最终控制诊断	→	
左前进油阀：0 V 左前出油阀：0 V	左前轮锁定	

（6）按"→"键，屏幕显示：

Final control diagnosis	→	
IFL VBAT OFL 0 V Wheel FL locked		
最终控制诊断	→	
左前进油阀：蓄电池电压 左前出油阀：0 V 左前轮锁定		

（7）按"→"键，ABS 液压泵 V64 必须工作，制动踏板必然会放松，屏幕显示：

| Final control diagnosis → |
| IFL VBAT   OFL VBAT   Wheel FL free |
| 最终控制诊断 → |
| 左前进油阀：蓄电池电压   左前出油阀：蓄电池电压   左前轮自由 |

（8）按"→"键，ABS 液压泵不再运转，屏幕显示：

| Final control diagnosis → |
| IFL VBAT   OFL 0 V   Wheel FL free |
| 最终控制诊断 → |
| 左前进油阀：蓄电池电压   左前出油阀：0 V   左前轮自由 |

（9）按"→"键，制动踏板必须有明显感觉，屏幕显示：

| Final control diagnosis → |
| IFL 0 V   OFL 0 V   Wheel FL locked |
| 最终控制诊断 → |
| 左前进油阀：0 V   左前出油阀：0 V   左前轮锁定 |

（10）按"→"键，屏幕显示：

| Final control diagnosis → |
| Release brakes |
| 最终控制诊断 → |
| 松开制动踏板 |

（11）按"→"键，屏幕显示：

| Final control diagnosis → |
| Operate brakes |
| 最终控制诊断 → |
| 踩下制动踏板 |

（12）按"→"键。重复上述操作分别进行右前、左后、右后液压泵和液压循环的功能诊断直至结束。

ABS 故障警告灯和制动装置故障警告灯熄灭，如果 ABS 故障警告灯不灭，说明系统中有故障存在。

在最终控制诊断显示时，显示屏幕上简略缩写如表 1-2 所示。

表 1-2 屏幕简略缩写表

缩写	英 语 全 称	中 文 含 义
FL	Front Left	左前
FR	Front Right	右前
RL	Rear Left	左后

续表

缩 写	英 语 全 称	中 文 含 义
RR	Rear Right	右后
I	Inlet Valve	进油阀
O	Outlet Valve	出油阀
VBAT	Voltage Battery at Valve	在阀上电瓶电压
0 V	0 Volt（No Voltage at Valve）	在阀上无电压
L/F	Locked/Free	车轮状态：锁死/自由
Hydr-P	Hydraulic Pump	液压泵

3. ABS 系统故障诊断流程

ABS 系统故障诊断流程如图 1-12 所示。

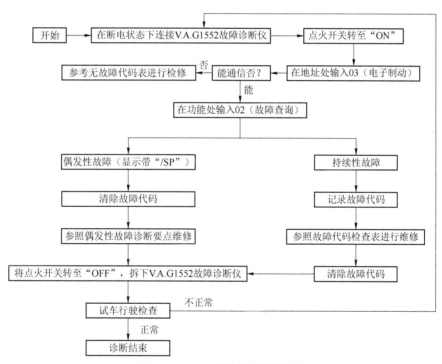

图 1-12　ABS 系统故障诊断流程

4. 故障诊断时的注意事项

ABS 系统采用电子液压控制，在 ABS 系统正常工作情况下出现如表 1-3 所列现象是正常的，并不是故障。

表 1-3　ABS 系统的正常工作情况

现　　象	说　　明
系统自检声音	起动发动机后，有时候会从发动机舱中传出类似碰击的声音，这是 ABS 系统进行自检的声音，并非不正常

续表

现　象	说　明
ABS 系统起作用时的声音	1. ABS 液压单元内电动机的声音； 2. 与制动踏板振动一起产生的声音； 3. ABS 系统工作时，因制动而引起的悬架碰击声或轮胎与地面接触发出的吱嘎声； 注：ABS 系统正常工作时，轮胎仍有可能发出吱嘎声
ABS 系统起作用，但制动距离长	在积雪或是砂石路面上，有 ABS 系统车辆的制动距离有时候会比没有 ABS 系统车辆的制动距离长。因此须提醒驾驶员在上述路面行驶时应加倍小心

5. 偶发性故障的维修要点

在电子控制系统中，在电气回路和输入输出信号的地方，可能出现瞬时接触不良问题，从而导致偶发性故障或在 ECU 自检时留下故障代码。如果故障原因持续存在，那么只要按照故障代码检查表就可以发现不正常的部位，不过有时候故障发生的原因会自行消失，所以不容易找出问题的原因。在这种情况下，可按下列方式模拟故障，检查故障是否再现。

（1）当振动可能是主要原因时，将接头轻轻地上下左右摇动；将线束轻轻地上下左右摇动；将传感器轻轻地上下左右摇动；将其他运动件（如车轮轴承等）轻轻摇动。

如果线束有扭断或因拉得太紧而断裂，就必须更换新件，尤其是传感器在车辆运动时因为悬架系统的上下移动，可能造成短暂的断/短路，因此检查传感器信号时必须进行实车行驶试验。

（2）当过热或过冷可能是主要原因时，用吹风机加热被怀疑有故障的部件；用冷喷雾剂检查是否有冷焊现象。

（3）当电源回路接触电阻过大可能是主要原因时，打开所有电器开关，包括前照灯和后除霜开关。

如果此时故障没有再现，就必须等到下次故障出现时才能诊断维修。一般来说，偶发性故障只会越变越糟，不会变好。

6. ABS ECU 插座

ABS ECU 插座，如图 1-13 所示。

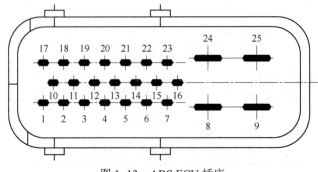

图 1-13　ABS ECU 插座

ABS ECU 电气线路，如图 1-14 所示。

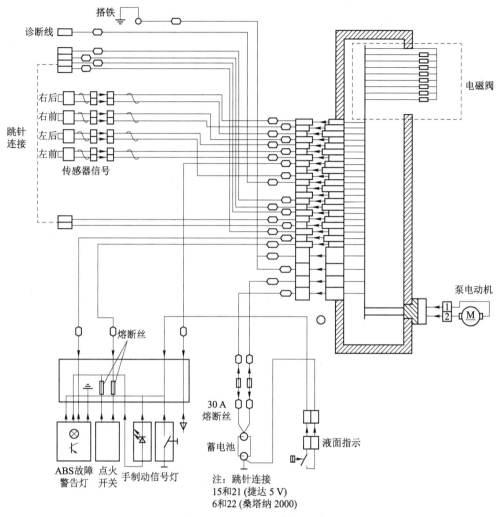

图 1–14　ABS ECU 电气线路

二、液压控制单元诊断

1. 液压控制单元诊断步骤

使用 V.A.G1552 故障诊断仪可对液压控制单元进行诊断。在功能选择处输入 03 之后，按表 1–4 所列步骤进行操作。

表 1–4　液压控制单元诊断

步骤	操作者动作	屏幕显示	正常时的结果
01		Hydraulic　ABS　Pump　V64 （液压泵测试）	
02	踩下制动踏板不放	Operate Brakes （踩下制动踏板）	
03	踩下制动踏板不放	EVL：0 V　AVL：0 V　Wheel locked （常开阀：0 V　常闭阀：0 V　车轮抱死）	车轮抱死

续表

步骤	操作者动作	屏幕显示	正常时的结果
04	踩下制动踏板不放	EVL：UBAT AVL：0 V Wheel locked （常开阀：通电 常闭阀：0 V 车轮抱死）	车轮抱死
05	踩下制动踏板不放	EVL：UBAT AVL：UBAT Wheel free （常开阀：通电 常闭阀：通电 车轮可自由转动）	车轮可自由转动，踏板回弹，可听见泵电动机工作噪声
06	踩下制动踏板不放	EVL：UBAT AVL：0 V Wheel free （常开阀：通电 常闭阀：0 V 车轮可自由转动）	车轮可自由转动
07	踩下制动踏板不放	EVL：0 V AVL：0 V Wheel locked （常开阀：0 V 常闭阀：0 V 车轮抱死）	车轮抱死 踏板自动微微下沉
08	松开制动踏板	Release brakes （松开制动踏板）	

2. ABS 系统有故障代码时的检查与诊断

MK20-Ⅰ型 ABS 系统的故障代码如表 1-5 所示。

表 1-5 MK20-Ⅰ型 ABS 系统的故障代码

故障代码	故 障 原 因	故 障 排 除
无故障	如果在维修完毕后，用 V.A.G1552 故障诊断仪查询故障后未发现故障，自诊断结束。 如果屏幕中显示出"未发现故障"，但 ABS 系统不能正常工作，则按以下步骤操作： 1. 以大于 20 km/h 的车速，进行紧急制动试车； 2. 重新用 V.A.G1552 故障诊断仪查询故障，仍无故障显示； 3. 在无自诊断的情况下着手寻找故障，全面进行电气检查	
65535	电子控制单元故障	更换电子控制单元
01276	ABS 液压泵 V64 与 ABS 连接线路对正极、对地短路及开路或液压泵电动机故障	检查线路； 03 功能最终控制诊断
00283	左前轮转速传感器（G47）触点开路或松动； 左前轮转速传感器电路短路； 转速传感器和齿圈的间隙超差（信号不正常）	检查转速传感器与控制单元的线路和连接插头； 检查转速传感器和齿圈的安装间隙； 08 功能"读取测量数据块"
00285	右前轮转速传感器（G45）触点开路或松动； 右前轮转速传感器电路短路； 转速传感器和齿圈的间隙超差（信号不正常）	检查转速传感器与控制单元的线路和连接插头； 检查转速传感器和齿圈的安装间隙； 08 功能"读取测量数据块"
00290	左后轮转速传感器（G46）触点开路或松动； 左后轮转速传感器电路短路； 转速传感器和齿圈的间隙超差（信号不正常）	检查转速传感器与控制单元的线路和连接插头； 检查转速传感器和齿圈的安装间隙； 08 功能"读取测量数据块"
00287	右后轮转速传感器（G44）触点开路或松动； 右后轮转速传感器电路短路； 转速传感器和齿圈的间隙超差（信号不正常）	检查转速传感器与控制单元的线路和连接插头； 检查转速传感器和齿圈的安装间隙； 08 功能"读取测量数据块"
01044	ABS 编码错误（ABS 25 针插头触点 6 和 22）	检查插头线束的线路
00668	供电端子 30 号线路、连接插头、熔断丝故障	检查控制单元供电线路、熔断丝和连接插头
01130	ABS 系统工作信号超差，可能有外界干涉信号源的电气干涉（高频发射，如非绝缘的点火电缆线）	步骤：检查所有线路连接对正极或对地的短路； 清除故障存储； 车速大于 20 km/h 的紧急制动试车； 再次查询故障代码

1）故障代码 01276 的诊断

故障代码 01276 的内容及诊断方法如表 1–6 所示。

2）故障代码 00283、00285、00290、00287 的诊断

故障代码 00283、00285、00290、00287 的内容及诊断方法如表 1–7、表 1–8 和表 1–9 所示。

3）故障代码 01044 的诊断

故障代码 01044 的内容及诊断方法如表 1–10 所示。

4）故障代码 00668 的诊断

故障代码 00668 的内容及诊断方法如表 1–11 所示。

5）故障代码 01130 的诊断

故障代码 01130 的内容及诊断方法如表 1–12 所示。

表 1–6　故障代码 01276 的内容及诊断方法

故障代码为 01276 　说明：当车速超过 20 km/h 时，ABS ECU 监控到电动机不能正常工作，就会出现此故障代码。 　提示：出现此故障代码时，可能是电动机和 ECU 之间的线束连接松脱，用 V.A.G1552 故障诊断仪的液压单元功能测试可以进行驱动电动机测试	可能原因
	1. 电源供电短路或搭铁； 2. 电动机线束松脱； 3. 电动机损坏
注：如果蓄电池过度放电，电动机将无法驱动，所以在进行电动机驱动测试时，应先确认蓄电池电压是否正常。进行电动机驱动测试时车辆须在静止状态下	

诊断图

表 1–7　故障代码 00283、00285、00290、00287 的内容及诊断方法（一）

故障代码为 00283、00285、00290、00287 　说明：当检查不到回路开路，而车速达到 20 km/h 以上仍没有信号输出时，此故障代码即出现； 　提示：可能是因为传感器漏装、传感器线圈或线束短路、传感器与齿圈之间间隙过大或是齿圈损坏所引起	可能原因
	1. 传感器漏装； 2. 传感器线圈或线束短路； 3. 传感器与齿圈间的间隙过大； 4. 齿圈损坏； 5. ABS ECU 故障

诊断图

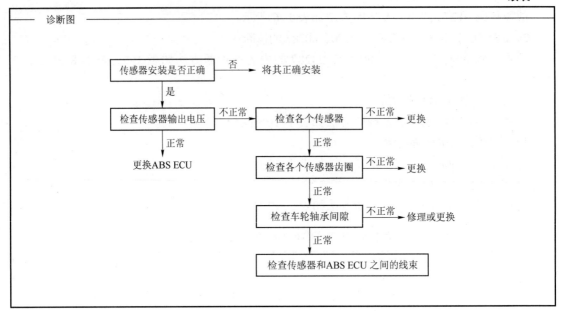

表 1-8　故障代码 00283、00285、00290、00287 的内容及诊断方法（二）

	可能原因
故障代码为 00283、00285、00290、00287 说明：当车速为 20 km/h 时，若传感器信号超出公差范围，即出现此故障代码； 提示：很可能是由于传感器线圈或线束间歇性接触不良或短路、齿圈齿损坏或传感器与齿圈间的间隙过大而造成传感器信号太弱	1. 传感器线圈或线束间歇性接触不良或短路； 2. 传感器与齿圈间的间隙过大或过小； 3. 齿圈齿损坏； 4. 轴承间隙过大； 5. ABS ECU 故障

诊断图

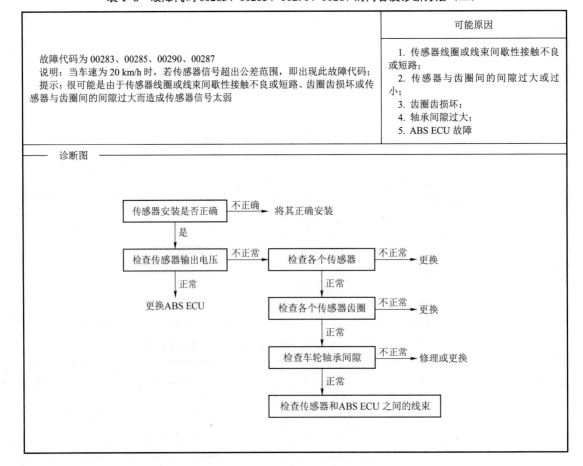

表1-9　故障代码00283、00285、00290、00287的内容及诊断方法（三）

	可能原因
故障代码为00283、00285、00290、00287 说明：传感器存在可识别开路、短路等故障时，即出现此故障代码； 提示：可能是传感器接触不良、线圈或线束短路或ABS ECU中的传感器信号处理电路有故障	1. 传感器插接器或线圈开路； 2. 传感器线圈短路； 3. 传感器插头或线束与搭铁或电源短路； 4. ABS ECU 传感器信号处理电路有故障； 5. 传感器漏装，间隙过大

诊断图

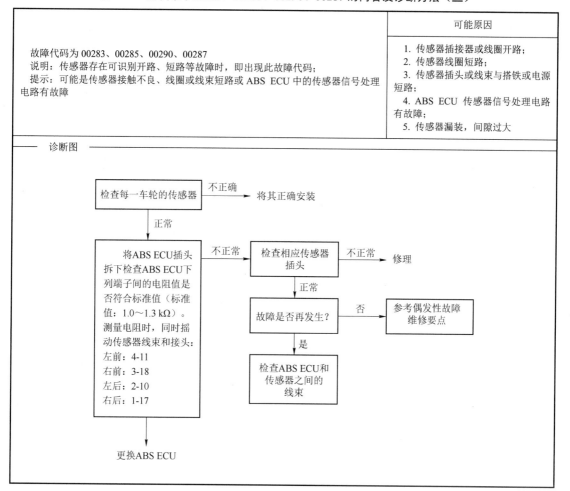

表1-10　故障代码01044的内容及诊断方法

	可能原因
故障代码为01044 说明：当ECU的软件编号与ABS线束的硬件跳针连接不一致时，即出现此故障代码	1. 在 ABS 线束内跳针连接错误； 2. ABS ECU 编码错误

诊断图

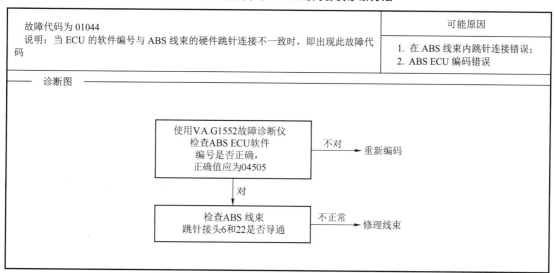

表 1–11 故障代码 00668 的内容及诊断方法

故障代码为 00668 说明：当供电端子 30 未提供电压或电压太高时，即出现此故障代码	可 能 原 因
	1. ABS 系统熔断丝烧断； 2. 蓄电池电压太低或太高； 3. ABS 线束插接件损坏； 4. ABS ECU 损坏

诊断图

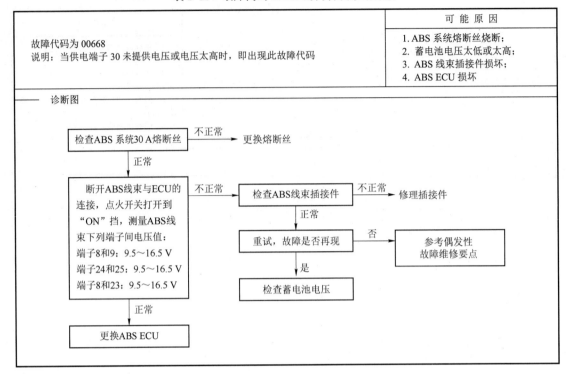

表 1–12 故障代码 01130 的内容及诊断方法

故障代码为 01130 说明：当 ABS 受高频电磁波干扰或微处理器认为输入车速信号不可信时，即出现此故障代码	可 能 原 因
	1. 高频电磁波干扰； 2. 传感器损坏或传感器线束损坏； 3. ABS ECU 损坏

诊断图

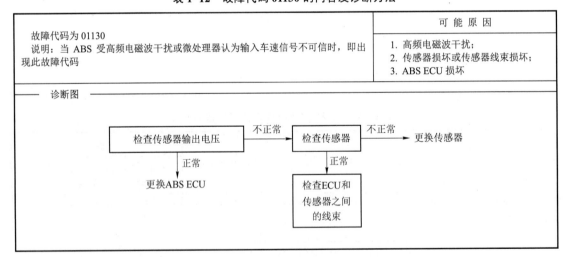

3. ABS 系统无故障代码的故障诊断

（1）ABS 系统主要故障症状。

桑塔纳 2000 GSi 轿车和捷达王轿车 ABS 系统没有故障代码但是常出现的故障症状主要有：

① 点火开关转到"ON"（发动机处于熄火状态）ABS 故障警告灯不亮。

② ABS 系统工作异常，两侧制动力不均匀。

③ ABS 系统工作异常，制动力不足。

④ ABS 系统工作异常，轻踩制动踏板时 ABS 系统工作（汽车处于静止状态）。

⑤ ABS 系统工作异常，轻踩制动踏板时 ABS 系统工作（汽车处于行驶状态）。

⑥ ABS 系统工作时，制动踏板剧烈振动。

⑦ 制动踏板行程过长。

⑧ 需用很大的力踩制动踏板。

⑨ 无故障代码输出（无法与 V.A.G1552 故障诊断仪通信）。

（2）点火开关在"ON"位置（发动机熄火），ABS 故障警告灯不亮故障的检测诊断方法，如表 1–13 所示。

表 1–13　点火开关在"ON"位置（发动机熄火），ABS 故障警告灯不亮故障的检测诊断方法

故障：点火开关在"ON"位置（发动机熄火），而 ABS 故障警告灯不亮； 说明：ABS 故障警告灯不亮，可能是警告灯电源回路开路、灯泡烧坏或警告灯控制器损坏	可能原因
	1. 熔断丝烧毁； 2. ABS 故障警告灯灯泡烧坏； 3. 电源线路断路； 4. ABS 故障警告灯控制器损坏

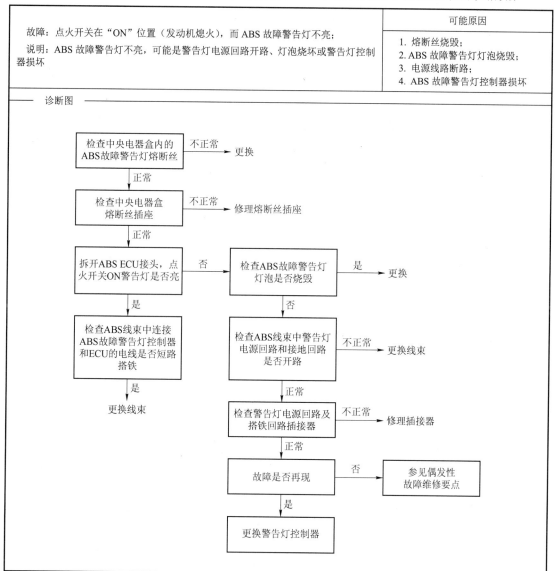

（3）发动机起动后，ABS 故障警告灯常亮故障的检测诊断方法，如表 1–14 所示。

表1-14　发动机起动后，ABS故障警告灯常亮故障的检测诊断方法

故障：发动机起动后，ABS故障警告灯常亮； 说明：可能原因是ABS故障警告灯控制器损坏或ABS回路开路	可能原因
	1. 警告灯控制器损坏； 2. ABS故障警告灯控制器回路开路； 3. ABS ECU损坏

注：此故障形式只限于系统可与V.A.G1552故障诊断仪通信（ABS ECU电源供应正常），且无故障代码出现的情况

诊断图

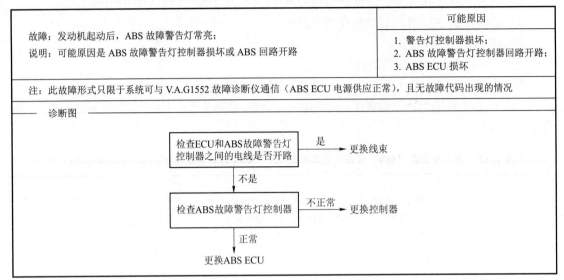

（4）ABS工作异常故障检测诊断方法，如表1-15所示。

表1-15　ABS工作异常故障检测诊断方法

故障：ABS工作异常； 说明：这个问题与驾驶状况及路面条件密切相关，所以不容易进行故障诊断。然而，如果没有故障代码，可进行下列检查	可能原因
	1. 传感器安装不当； 2. 传感器线束有问题； 3. 传感器损坏； 4. 齿圈损坏； 5. 传感器黏附异物； 6. 车轮轴承损坏； 7. ABS HCU（液压控制单元）损坏； 8. ABS ECU（电子控制单元）损坏

诊断图

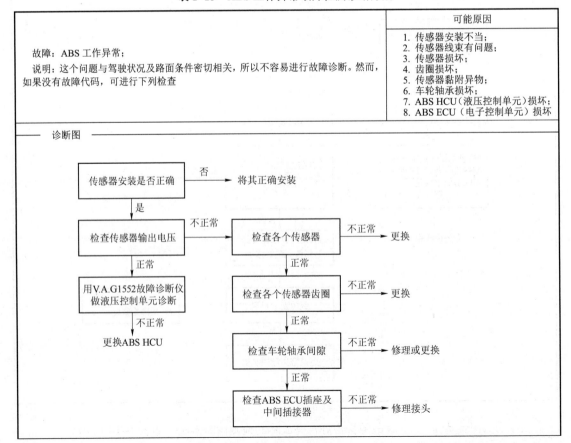

续表

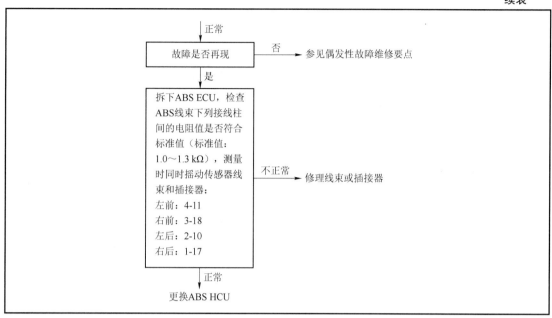

（5）制动踏板行程过长故障检测诊断方法，如表1-16所示。

表1-16　制动踏板行程过长故障检测诊断方法

	可能原因
故障：制动踏板行程过长； 　说明：先以目视检查是否有外部泄漏或机械故障。用排气方法检查系统中是否有空气。由 V.A.G1552 故障诊断仪液压单元功能测试检查常闭阀是否泄漏	1. 制动液泄漏； 2. 常闭阀泄漏； 3. 系统中有空气； 4. 制动盘严重磨损； 5. 驻车制动调整不当

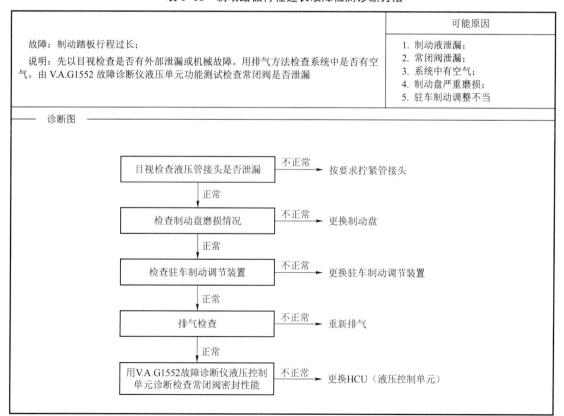

（6）须用很大的力踩制动踏板故障检测诊断方法，如表 1–17 所示。

（7）无故障代码输出（无法与 V.A.G1552 故障诊断仪通信）故障检测诊断方法，如表 1–18 所示。

表 1–17　须用很大的力踩制动踏板故障检测诊断方法

故障：须用很大的力踩制动踏板； 说明：用传统方法检查助力器和制动踏板行程。常开阀的故障可用 V.A.G1552 故障诊断仪液压控制单元功能测试进行检查	可能原因
	1. 助力器有问题； 2. 常开阀有问题

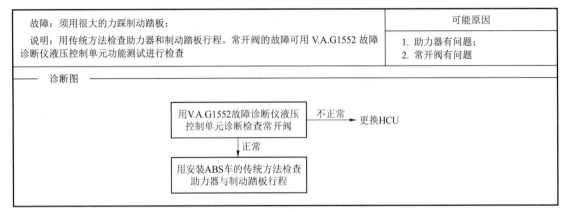

表 1–18　无故障代码输出（无法与 V.A.G1552 故障诊断仪通信）故障检测诊断方法

故障：无故障代码输出（无法与 V.A.G1552 故障诊断仪通信）； 说明：无法与 V.A.G1552 通信时，可能是 ABS ECU 的电源回路或是诊断线回路开路	可能原因
	1. 熔断丝烧毁； 2. 诊断线断裂或接头松脱； 3. ABS ECU 损坏； 4. V.A.G1552 故障诊断仪有问题

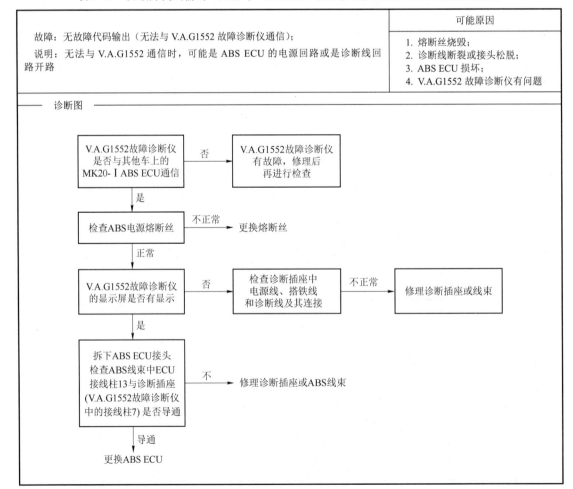

4. ABS ECU 的编码方法和步骤

当更换 HCU 或 ECU 时，应对新的 ECU 进行编码，否则，ABS 警告灯闪烁，ABS 系统不能正常工作。用 V.A.G1552 故障诊断仪对 ABS ECU 进行编码的步骤如下：

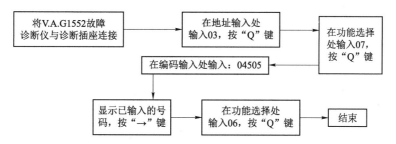

5. ABS 系统的检测

ABS 系统的检测方法和标准值如表 1-19 和表 1-20 所示。

表 1-19　ABS 系统的检测方法和标准值（一）

检查项目	点火开关挡位	接线柱		标准值	单位
蓄电池电压（电动机）	OFF	25-8		10.1～14.5	V
蓄电池电压（电磁阀）	↑	9-24		↑	V
电源绝缘性能	↑	8-23		0.00～0.5	V
搭铁绝缘性能	↑	8-24		↑	V
电源电压	ON	8-23		10.0～14.5	V
ABS 警告灯	OFF	ECU 未接		警告灯灭	
	ON			警告灯亮	
	OFF	连接 ECU		警告灯灭	
	ON			警告灯亮约 1.7 s 后熄灭	
制动灯开关功能踏板未踩下	ON	8-12		0.0～0.5	V
制动灯开关功能踏板踩下	ON	8-12		10.0～14.5	V
诊断接头	OFF	诊断接头		0.0～0.5	Ω
		K	13		
左前轮转速传感器电阻值	OFF	11-4		1.0～1.3	kΩ
右前轮转速传感器电阻值	OFF	18-3		1.0～1.3	kΩ
左后轮转速传感器电阻值	OFF	2-10		1.0～1.3	kΩ
右后轮转速传感器电阻值	OFF	1-17		1.0～1.3	kΩ
左前轮转速传感器输出电压	OFF	11-4		3.4～14.8（脉冲输出）	mV
右前轮转速传感器输出电压	OFF	18-3		3.4～14.8（脉冲输出）	mV

检查项目	点火开关挡位	接线柱	标准值	单位
左后轮转速传感器输出电压	OFF	2-10	>12.2	mV
右后轮转速传感器输出电压	OFF	1-17	>12.2	mV
车轮转速传感器输出电压比	最高峰值电压/最低峰值电压≤2			
车型识别	OFF	6-22	0.0~1.0	Ω

表 1-20　ABS 系统的检测方法和标准值（二）

检查项目	钥匙开关挡位	操作	标准值	备注
左前轮常开阀及常闭阀密封性	ON	踩制动踏板	左前轮无法转动时，制动踏板不下沉	常闭阀检查
	ON（两阀和泵同时通电）	踩制动踏板	左前轮可自由转动时，制动踏板不下沉	常开阀检查
右前轮常开阀及常闭阀密封性	ON	踩制动踏板	右前轮无法转动时，制动踏板不下沉	常闭阀检查
	ON（两阀和泵同时通电）	踩制动踏板	右前轮可自由转动时，制动踏板不下沉	常开阀检查
左后轮常开阀及常闭阀密封性	ON	踩制动踏板	左后轮无法转动时，制动踏板不下沉	常闭阀检查
	ON（两阀和泵同时通电）	踩制动踏板	左后轮可自由转动时，制动踏板不下沉	常开阀检查
右后轮常开阀及常闭阀密封性	ON	踩制动踏板	右后轮无法转动时，制动踏板不下沉	常闭阀检查
	ON（两阀和泵同时通电）	踩制动踏板	右后轮可自由转动时，制动踏板不下沉	常开阀检查

注：进行检查时，须有真空作用在真空助力器上

6. 加液与排气

1）湿式 HCU

当备件为湿式 HCU 时，更换 HCU 后只需按常规制动系统进行加液与排气即可。

2）干式 HCU

当备件为干式 HCU 时，更换 HCU 后，除要按常规制动系统进行加液与排气外，还需对 HCU 的第二回路进行排气，用 V.A.G1552 故障诊断仪进行操作时的步骤如下：

（1）按常规制动系统进行加液排气，直至透明胶管中无气泡出现。

（2）将 V.A.G1552 故障诊断仪与诊断插座连接。

（3）在地址处输入 03，按"Q"键。

（4）在功能选择处输入 04，按"Q"键。

（5）在组号输入处输入 01，按"Q"键。

（6）踩下制动踏板并保持，液压泵工作，踏板回弹。

（7）松开制动踏板，将左右前制动钳放气螺钉松开，按"↑"键。

（8）踩制动踏板 10 次，将左右前制动钳放气螺钉拧紧，按"↑"键。

（9）上述（6）（7）（8）步再重复进行 7 次。

（10）排气结束，按"→"键回到"功能选择"菜单。

（11）在功能选择处输入 06，按"Q"键。

（12）结束。

第三节　ABS 系统组件的检修

一、ABS 控制器的检修

ABS 控制器及其附件分解图如图 1–15 所示。

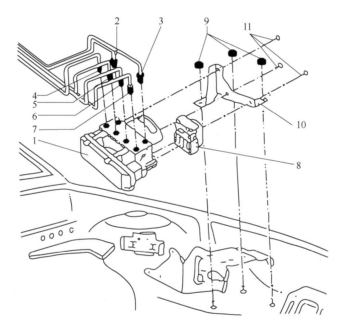

图 1–15　ABS 控制器及其附件分解图

1—ABS 控制器；2—制动主缸后活塞与液压控制单元的制动管接头（拧紧力矩 15 N·m）；3—制动主缸前活塞与液压控制单元的制动管接头（拧紧力矩 15 N·m）；4—液压控制单元与右前制动轮缸的制动管接头（拧紧力矩 15 N·m）；5—液压控制单元与左后制动轮缸的制动管接头（拧紧力矩 15 N·m）；6—液压控制单元与右后制动轮缸的制动管接头（拧紧力矩 15 N·m）；7—液压控制单元与左前制动轮缸的制动管接头（拧紧力矩 15 N·m）；8—ABS 控制器线束插头（25 针插头）；9—ABS 控制器支架紧固螺栓（拧紧力矩 20 N·m）；10—ABS 控制器支架；11—ABS 控制器安装螺栓（拧紧力矩 10 N·m）

1. ABS 控制器的拆卸

（1）关闭点火开关，拆下蓄电池及支架。

（2）从 ABS ECU 上拔下 25 针插头，如图 1–16 所示。

（3）踩下制动踏板，并用踏板架定位，如图 1–17 所示。

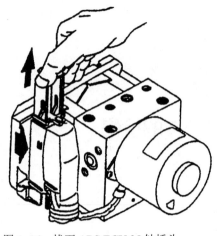

图 1-16 拔下 ABS ECU 25 针插头

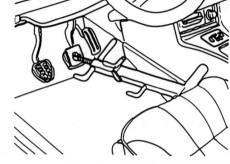

图 1-17 用踏板架固定制动踏板

（4）在 ABS 控制器下垫一块布，用来吸干从开口处流出的制动液，如图 1-18 所示。

（5）拆下制动主缸到液压控制单元的制动油管 A 和 B，并标上记号，立即用密封塞将开口部塞住，如图 1-19 所示。

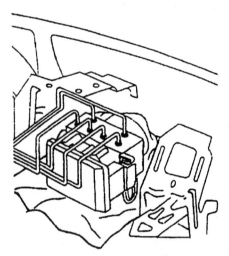

图 1-18 在 ABS 控制器下垫一块布

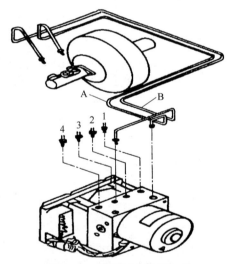

图 1-19 拆下制动油管 A 和 B

（6）用软铅丝把制动油管 A 和 B 扎在一起，挂到高处，使开口处高于制动储液罐的油平面。

（7）拆下液压控制单元通到各轮的制动油管，并标上记号，立即用密封塞将开口处塞住，如图 1-20 所示。

在操作过程中必须特别小心，不能使制动液渗入 ABS ECU 壳体中去。如果制动液渗漏到控制器中，会使触点腐蚀，损坏系统。如果壳体脏，可用压缩空气吹净。

（8）把 ABS 控制器从支架上拆下来。

2. ABS 控制器的分解

（1）压下接头侧的锁止扣，拔下控制单元上液压泵（V64）的电线插头。

（2）用专用套筒扳手拆下 ABS ECU 与液压控制单元的 4 个连接螺栓，如图 1-21 所示。

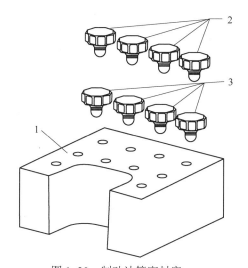

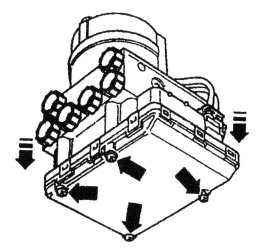

图 1-20 制动油管密封塞

1—专用支架；2、3—阀体开口孔的密封塞

图 1-21 拆下 ABS ECU 与液压控制单元的连接螺栓

（3）将液压控制单元与电子控制单元分离。注意：拆卸液压控制单元时要直拉，别碰坏阀体。

（4）在 ABS ECU 的电磁阀上盖一块不起毛的布。

（5）把液压控制单元和液压泵安放在专用支架上，以免在搬运时碰坏阀体。

3. ABS 控制器的装配

（1）装配场地必须清洁，不允许有灰尘及脏物。

（2）把 ABS 液压控制单元和 ECU 装成一体，用专用套筒扳手拧紧新的螺栓，扭矩不得超过 4 N·m。

（3）插上液压泵电线插头，注意必须锁扣到位。

4. ABS 控制器的安装

ABS 液压控制单元开口处的密封塞，只有在制动油管要装上去的时候才能拆下，以免异物进入制动系统。

（1）将 ABS 控制器装到架上，以 10 N·m 的力矩拧紧固定螺栓。

（2）拆下液压口处的密封塞，装上各轮制动油管，检查油管位置是否正确，以 20 N·m 的力矩拧紧管接头。

（3）装上连接主缸的制动油管 A 和 B，以 20 N·m 的力矩拧紧管接头。

（4）插上 ABS ECU 线束插头。

（5）对 ABS 系统充液和放气。

（6）如果 ABS ECU 更换新的，必须对 ECU 重新编码。

（7）打开点火开关，ABS 警告灯须亮 2 s 后再熄灭。

（8）使用 V.A.G1552 故障诊断仪先清除故障存储，再查询故障代码。

（9）试车检测 ABS 功能，须感到踏板有反弹。

5. ABS 控制器的检修

把控制单元 J104 从液压控制单元 N55 和液压泵中拆下来，然后更换损坏的元件。在初始阶段提供的 ABS 控制器总成配件是不允许分解拆卸的，因此只能更换总成。

二、车轮转速传感器的检修

1. 前轮转速传感器的检修

前轮转速传感器和前轮轴承的安装位置如图 1-22 所示。

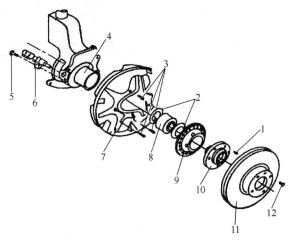

图 1-22　前轮转速传感器和前轮轴承的安装位置

1—固定齿圈螺钉套；2—前轮轴承弹性挡圈；3—防尘板紧固螺栓（拧紧力矩 10 N·m）；4—前轮轴承壳；5—转速传感器紧固螺栓（拧紧力矩 10 N·m）；6—转速传感器（右前 G45/左前 G47）；7—防尘板；8—前轮轴承；9—齿圈；10—轮毂；11—制动盘；12—十字槽螺栓

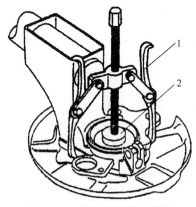

图 1-23　拆卸前轮毂及齿圈

1—拉具；2—专用压块

1）前轮毂及齿圈的拆卸

（1）如图 1-23 所示，拆带齿圈的前轮毂，用 200 mm 拉具的两个活动臂先钩住前轮轴承壳中的两边（只有一个位置才能钩住）。

（2）在前轮毂要压出的中心放一块专用压块，如图 1-23 所示。

（3）转动顶尖，使拉具顶住专用压块，将前轮毂连同齿圈一起顶出。

（4）拆下齿圈的十字槽固定螺栓。

2）前轮转速传感器的拆装

前轮转速传感器左、右不能互换，零件也不同。

（1）先拔下传感器导线插头，如图 1-24 所示箭头位置，再拧下内六角紧固螺栓，拆下前轮转速传感器。

（2）安装前轮转速传感器之前，先清洁传感器的安装孔内表面，并涂上固体润滑膏 G000650，然后装入转速传感器，以 10 N·m 的力矩拧紧内六角紧固螺栓，最后插上导线插头。

3）前轮齿圈的检查

（1）前轮轴承损坏或轴承轴向间隙过大时，会影响前轮转速传感器的间隙。举升起前轮，使之离地，用双手转动前轮感觉前轮摆动是否异常。若轴承轴向间隙过大，则要检查齿圈轴向摆差，如图 1-25 所示。轴向摆差应不大于 0.3 mm。

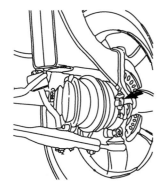

图 1-24　拆卸前轮转速传感器

图 1-25　检查齿圈轴向摆差

（2）若前轮轴承损坏或轴向间隙过大，则应更换轴承。

（3）若出现齿圈轴向摆差过大而引起传感器与齿圈擦碰,造成齿圈变形或齿数残缺不全，则应更换前轮齿圈。

（4）若前轮齿圈完好无损，但被泥泞或脏物堵塞，应清除齿圈空隙中的脏物。

4）前轮转速传感器输出电压的检查

（1）检查前轮转速传感器与齿圈之间的间隙是否符合规定，标准值为 1.10～1.97 mm。

（2）顶起前轮，松开驻车制动。

（3）拆下 ABS 线束，在线束插接器处测量。

（4）以 30 r/min 的转速转动前轮，用万用表或示波器测量输出电压。左前轮接线柱为 4 和 11，右前轮接线柱为 3 和 18。当用万用表测量时，前轮转速传感器输出电压应为 70～310 mV；当用示波器测量时，输出电压应为 3.4～14.8 mV。

（5）若输出电压不符合规定，检查传感器是否有故障；检查传感器电阻值（1.0～1.3 kΩ）；在齿圈上取四点检查齿圈与车轮转速传感器之间的间隙是否过大；检查线束安装是否有误差。

2. 后轮转速传感器的检修

1）后轮转速传感器的拆装

后轮转速传感器左、右能互换，零件号也相同。后轮转速传感器和后轮轴承的安装位置如图 1-26 所示。

（1）先翻起汽车后座垫，拔下后轮转速传感器的连接插头，如图 1-27 所示。

（2）拧下传感器的内六角紧固螺栓，然后拆下后轮转速传感器，如图 1-28 所示。

（3）按图 1-29 所示箭头方向，取下后梁上的转速传感器导线保护罩，拉出导线和导线插头。

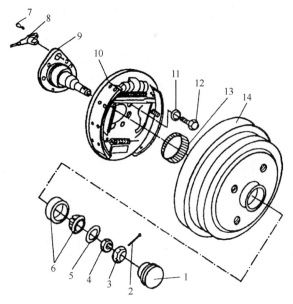

图1-26 后轮转速传感器和后轮轴承的安装位置

1—轮毂盖；2—开口销；3—螺母防松罩；4—六角螺母；5—止推垫圈；6—车轮轴承；7—固定转速传感器的内六角螺栓（拧紧力矩10 N·m）；8—转速传感器（右后G44/左后G46）；9—车轮支承短轴；10—后轮制动器总成；11—弹簧垫圈；12—六角螺栓（拧紧力矩60 N·m）；13—转速传感器齿圈；14—制动鼓

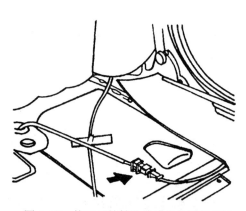

图1-27 拔下后轮转速传感器的连接插头

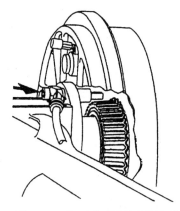

图1-28 拧下传感器的紧固螺栓

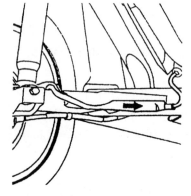

图1-29 取下转速传感器导线保护罩

安装与拆卸顺序相反，但注意安装后轮转速传感器之前，应先清洁传感器的安装孔内表面，并涂上固体润滑膏G000650，然后装入转速传感器，以10 N·m的力矩拧紧内六角螺栓。

2）后轮齿圈的检查

后轮轴承损坏或轴承径向圆跳动过大时，会影响后轮传感器的间隙。

（1）举升起后轮，使之离地，用双手转动后轮感觉后轮摆动是否异常。若后轮摆动过大，则要检查后轮轴承的径向圆跳动（图1-30），径向圆跳动标准值为≤0.05 mm。

（2）若后轮轴承径向圆跳动过大,则需用调整螺母调节后轴承的间隙,或者更换后轴承。

（3）若齿圈变形或有严重磨损痕迹或齿数残缺不全,则应更换后轮齿圈。

（4）若后轮齿圈完好无损,但被脏物堵塞,应清除齿圈空隙中的脏物。

3）后轮转速传感器输出电压的检查

（1）检查后轮转速传感器与齿圈之间的间隙是否符合规定,标准值为 0.42～0.80 mm。

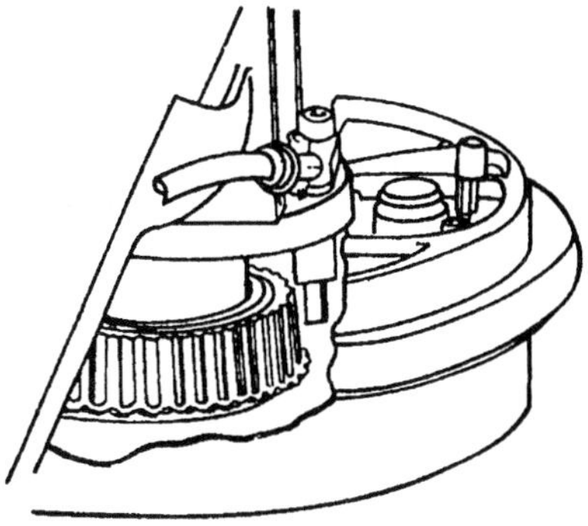

（2）顶起前轮,松开驻车制动。

图 1-30　检查后轮齿圈

（3）拆下 ABS 线束,在线束插接器处测量。

（4）以 30 r/min 的转速转动后轮,用万用表或示波器测量输出电压,左后轮接线柱为 2 和 10,右后轮接线柱为 1 和 17。当用万用表测量时,后轮转速传感器输出电压应大于 260 mV;当用示波器测量时,输出电压应大于 12.2 mV。若输出电压不符合规定,检查传感器是否有故障;检查传感器电阻值（1.0～1.3 kΩ）;在齿圈上取四点检查齿圈与车轮转速传感器之间的间隙是否过大;检查线束安装是否有误差。

第二章　电控空气悬架系统

第一节　电控空气悬架系统概述

汽车悬架是车身或车架与车轮或车桥之间传力连接装置的总称。其作用主要有如下三个方面：

（1）与轮胎共同作用，缓冲和吸收来自车轮的振动，使汽车平稳行驶。

（2）将车轮与路面之间产生的驱动力和制动力及其力矩传递到车身。

（3）将车身支撑在前后车桥上，并保持车身与车轮之间的几何关系。

传统的悬架系统主要由弹簧、减震器、稳定杆等组成。弹簧用于使路面产生的振动和车轮摆动不致直接传到车身，弹簧也有助于提高轮胎着地能力。减震器能迅速衰减弹簧的振动，使乘坐舒适，并能改善汽车的方向稳定性。正是弹簧和减震器的综合特性，确定了汽车的行驶性能和操纵性能。而传统的机械弹簧其刚度是不能变化的，即使是变刚度弹簧，其变化范围也十分有限，传统的减震器其减振力同样不能变化。因此，由这些传统元件组成的悬架系统不可能同时满足良好的乘坐舒适性和良好的操纵稳定性。例如，为提高汽车乘坐的舒适性，要求悬架做得比较软，以满足汽车在不平路面上行驶时车轮有较大的运动空间。但这将导致汽车在行驶过程中，由于路面的颠簸而使车身位移增大，这种位移的增大会对汽车行驶的稳定性带来十分不利的影响。反之，为提高汽车操纵的稳定性，要求悬架要有较大的弹簧刚度和较大的减震器减振阻尼，以限制车身过大的运动。但这又会导致车身产生较大颠簸，从而影响汽车的乘坐舒适性和车辆行驶的平顺性。

因此，传统的悬架在设计过程中不可避免地要不断在乘坐舒适性和操纵稳定性中寻求妥协。尽管近年来传统悬架在结构上的不断更新和完善，采用优化设计方法进行设计，已使汽车（特别是轿车）的乘坐舒适性和操纵稳定性有了很大提高，但传统悬架仍然受到诸多的限制。如最终设计的悬架参数（弹簧刚度和减震器减振阻尼等）是不可调节的，使得传统悬架只能保证汽车在一种特定的道路和速度条件下达到性能最优的匹配，并且只能被动地承受地面对车身的作用力，而不能根据道路、车速的不同而改变悬架参数，更不能主动地控制地面对车身的作用力。图 2-1 所示为传统的螺旋弹簧悬架。

随着高速公路的发展，汽车速度有了很大提高，对汽车的性能也提出了更高的要求，而传统的悬架限制了汽车性能的进一步提高。以计算机为代表的电子技术、传感器技术的飞速发展，电子设备性能的大幅改善和可靠性的不断提高，促成了汽车电子装置的高可靠性、低成本和空间省，使电子控制技术被广泛地应用于包括悬架在内的汽车各个部分。通过采用电子技术实现汽车悬架的控制，既能使汽车乘坐的舒适性达到令人满意的程度，又能使汽车的操纵稳定性达到最佳状态。近年来，人们不断开发适应各种行驶工况的最优悬架控制系统，在轿车（尤其是豪华高档轿车）中，相继出现了性能更加优越的各种电子控制悬架系统。

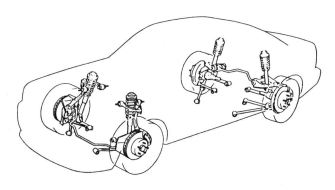

图 2-1 传统的螺旋弹簧悬架

丰田的电子控制悬架系统（TEMS）就是其中的一种，这一系统最早用于 1984 年的姬先达（CRESSIDA）车型上，但只对减震器的减振阻尼进行控制。20 世纪 80 年代末发展为电子控制空气悬架系统（简称电控空气悬架系统），应用在豪华轿车凌志 LS400 上。这一系统除控制减震器的减振阻尼外，还可控制空气弹簧刚度及车身（底盘）高度。图 2-2 所示为凌志 LS400 的电控空气悬架系统。

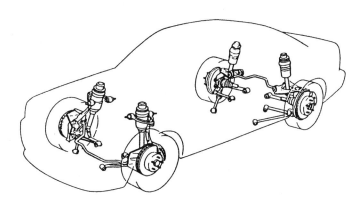

图 2-2 凌志 LS400 的电控空气悬架系统

凌志 LS400 于 1989 年 12 月面世，车型为 ucF10。直至 1994 年 9 月，其电控空气悬架系统未有大的改动。从 1994 年 10 月起，车型改为 ucF20，其电控空气悬架系统也有了较大改进。

第二节 电控空气悬架系统功能

对于汽车悬架而言，若悬架刚度减小，则悬架的平顺性好，汽车乘坐的舒适性提高，但过低的悬架刚度会造成汽车在行驶过程中产生横摆和纵摇，破坏汽车正常行驶状态，使汽车行驶稳定性降低。若只减小悬架刚度而不改变减震器的减振阻尼，地面冲击力会通过减震器传至车身，汽车乘坐的舒适性也会被破坏。因此，悬架刚度控制最好能与车身高度控制和减震器的减振阻尼控制联合作用，才能有效地改善汽车的乘坐舒适性和行驶稳定性。

丰田的电控空气悬架系统是一种能同时控制弹簧刚度、减震器减振阻尼和车身高度的系统，这一系统可同时使汽车乘坐的舒适性和行驶稳定性在各种不同的工况下均能大幅度提高。

电控空气悬架系统的功能如下：

（1）模式变化。

凌志 LS400 的电控空气悬架系统提供了悬架控制开关，给驾驶员进行选择。悬架开关由LRC（凌志乘坐控制）开关和高度控制开关组成，如图 2-3所示。

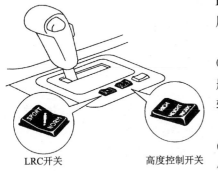

LRC 开关有两个位置：NORM（常规）和 SPORT（运动）。NORM 模式着重于乘坐舒适性，通常用于一般的行驶。SPORT 模式着重于提高急转弯等情况下的车辆稳定性。

高度控制开关也有两个位置：NORM（常规）和 HIGH（高位）。NORM 位置在一般道路上行驶时选用，HIGH位置则在不平道路上行驶时选用。

图 2-3　悬架开关

（2）弹簧刚度和减振阻尼控制。

弹簧刚度和减震器减振阻尼力均由电子装置控制。弹簧刚度有"软"和"硬"两种模式，减震器减振阻尼则有"软""中"和"硬"三种模式。电子装置根据车速和路面的变化自动调节悬架刚度和减振阻尼，这种控制方式共有四种：高车速控制、不平道路控制、颠动控制和跳振控制。此外，在车速或转向急剧变化时，会造成车身姿态的急剧变化，既破坏汽车乘坐的舒适性，又容易使汽车失去方向稳定性。所以，必须对车身姿态实施控制。这种控制方式共有三种：转向时的车身侧倾控制、制动时的车身"点"头控制和起步或突然加速时的车身后仰控制。

电控空气悬架系统的功能如表 2-1 所示。

表 2-1　电控空气悬架系统的功能

控制项目		功　　能
防侧倾控制		使弹簧刚度和减振阻尼变成"硬"状态。该项控制能抑制侧倾，使汽车的姿势变化减至最小，以改善操纵性
防"点"头控制		使弹簧刚度和减振阻尼变成"硬"状态。该项控制能抑制汽车制动"点"头，使汽车的姿势变化减至最小
防后仰控制		使弹簧刚度和减振阻尼变成"硬"状态。该项控制能抑制汽车加速时后仰，使汽车的姿势变化减至最小

续表

控制项目		功　能
高车速控制		使弹簧刚度变成"硬"状态和使减振阻尼变成"中"状态。该项控制能改善汽车高速行驶时的稳定性和操纵性
不平整道路控制		使弹簧刚度和减振阻尼视需要变成"中"或"软"状态，以抑制汽车车身在悬架上下跳动，改善汽车在不平坦道路上行驶时的乘坐舒适性
颠动控制		使弹簧刚度和减振阻尼变成"中"或"软"状态。它能抑制汽车在不平坦道路上行驶时的颠动
跳振控制		使弹簧刚度和减振阻尼变成"中"或"软"状态。该项控制能抑制汽车在不平坦道路上行驶时的上下跳振
路面感应半主动控制*		对应于不同的道路，提供四轮独立的减振阻尼最佳控制。相应地，汽车可在各种不同的道路和行驶状况下保持恒定姿态

*仅限于ucF20车型。

（3）车身（底盘）高度控制。

根据高度控制开关所选取的模式以及汽车所处的状态，控制装置自动调整汽车的车身高度，使汽车经常处于稳定的状态。这种控制方式有三种：自动高度控制、高车速控制和点火开关关断控制。

车身高度控制的功能见表2-2。

表2-2　车身高度控制的功能

控制项目		功　能
自动高度控制		不管乘员和行李质量情况如何，使汽车高度保持在某一个恒定的高度位置。操作高度控制开关能使汽车的目标高度变为"正常"或"高"的状态
高车速控制		当高度控制开关在"high"（高）位置时，汽车高度仍会降低到"正常"状态，这将改善高速行驶时的空气动力学和稳定性
点火开关关断控制*		当点火开关关断后因乘员质量和行李质量变化而使汽车高度变为高于目标高度时，能使汽车高度降低到目标高度，这能改善汽车驻车时的姿势

*仅适用于ucF10车型，ucF20车型取消了这一控制。

第三节　凌志 LS400 电控空气悬架系统组成

　　凌志 LS400 的电控空气悬架系统主要由空气弹簧和减震器总成、空气压缩机、干燥器、排气电磁阀、高度控制阀、悬架 ECU、高度传感器、转向传感器、悬架控制执行器及节气门位置传感器组成。凌志 LS400 ucF10 车型采用的 LRC 开关和高度控制通断开关在 ucF20 型中已取消，ucF20 车型则增设了加速度传感器、悬架控制执行器、高度传感器和对空气弹簧做了改进，相应地，悬架 ECU 的控制方法也进行了改进。ucF10 车型和 ucF20 车型电控空气悬架系统分别如图 2-4 和图 2-5 所示。

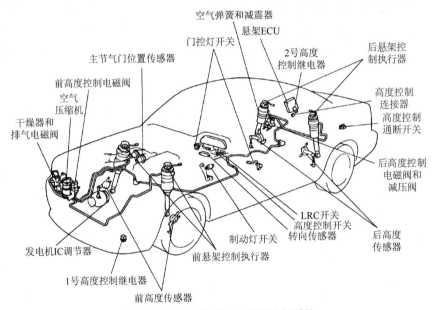

图 2-4　ucF10 车型电控空气悬架系统

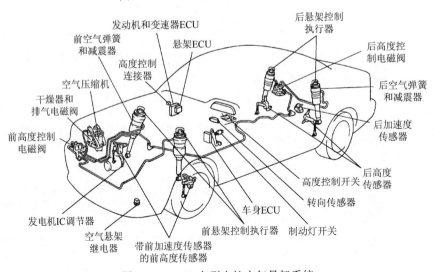

图 2-5　ucF20 车型电控空气悬架系统

一、元件的结构和工作原理

1. 悬架控制开关

对于 ucF10 车型，悬架控制开关由 LRC 开关和高度控制开关组成，如图 2-3 所示。LRC 开关用于选择减震器和空气弹簧的工作模式（NORMAL 或 SPORT）；高度控制开关用于选择所希望的车身高度（NORMAL 或 HIGH）。

LRC 开关和高度控制开关与悬架 ECU 的联系如图 2-6 所示。当 LRC 开关和高度控制开关设在"NORM"位置时，12 V 的电压分别加在悬架 ECU 的 TSW 端子和 HSW 端子；当 LRC 开关设在"SPORT"位置、高度控制开关设在"HIGH"位置时，悬架 ECU 的 TSW 端子和 HSW 端子的电压变为 0 V。悬架 ECU 据此判断设置模式。当 LRC 开关设在"SPORT"位置时，组合仪表内的 LRC 指示灯亮；当高度控制开关设在"HIGH"位置时，组合仪表内的另一高度控制指示灯也亮。

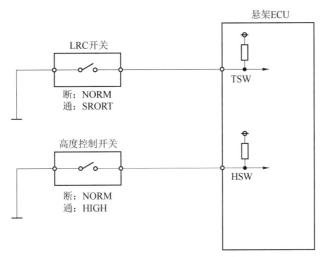

图 2-6 LRC 开关和高度控制开关与悬架 ECU 的联系

对于 ucF20 车型，由于整个悬架控制系统性能的提高而取消了 LRC 开关。

2. 高度控制通断开关

对于 ucF10 车型，高度控制通断开关位于行李厢的工具储藏室内，如图 2-7 所示。将开关拨至 OFF 位置，悬架控制系统中止车辆高度控制。当车辆被举升、停在不平的路面或车辆被拖曳时，这样可避免空气弹簧中压缩空气排出，从而可防止车身高度的下降。

高度控制通断开关与悬架 ECU 的联系如图 2-8 所示。当开关拨至 OFF 位置时，悬架 ECU 的 NSW 端子接地，电压为 0 V，ECU 中止车辆高度控制。

当需要顶起车辆进行修理时，一定要关断这个开关。如果在这个开关位于 ON 位置时顶起车辆，悬架控制系统会控制压缩空气从空气弹簧中排出，当放下车辆时，车身可能会因过低而受损。

对于 ucF20 车型，当点火开关关上时，车身高度控制被中止，所以这一开关也不再存在。

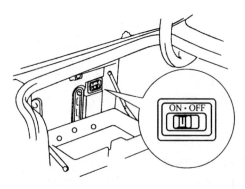

图 2-7 高度控制通断开关

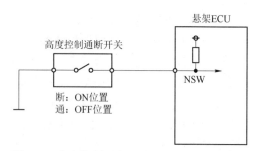

图 2-8 高度控制通断开关与悬架 ECU 的联系

对于 ucF20 车型，当需要顶起车辆进行修理时，一定要关上点火开关。如果需要在车辆被升起时运转发动机，则必须短接 TDCL 上的 TD 和 E_1 端子以中止悬架控制系统的车身高度控制。

3. 制动灯开关

这一开关位于制动踏板支架上，如图 2-9 所示。当制动踏板踩下时，开关接通。12 V 的电压加在悬架 ECU 的 STP 端子上，如图 2-10 所示，悬架 ECU 利用这一信号判断汽车是否在制动。

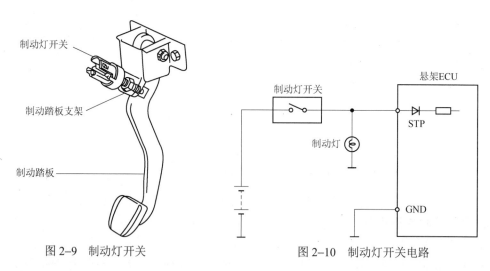

图 2-9 制动灯开关　　　　图 2-10 制动灯开关电路

4. 门控灯开关

4 个车门各有一个门控灯开关，这些开关都位于门柱上，如图 2-11 所示。当所有的门都关上时，所有开关都断开，蓄电池电压加在悬架 ECU 的 DOOR 端子上；当有任一个门打开时，悬架 ECU 的 DOOR 端子电压变为 0 V，如图 2-12 所示（ucF10 车型）。悬架 ECU 据此判断车门是打开还是关上。

对于 ucF20 车型，由于采用了多路传输通信系统，各车门的门控灯开关并非直接与悬架 ECU 相连，而是通过各车门的 ECU 和车身 ECU，最终由车身 ECU 与悬架 ECU 发生关系，如图 2-13 所示，而结果则与 ucF10 车型相同。

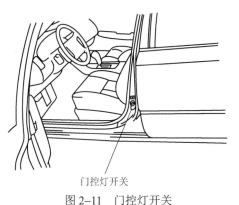

图 2-11　门控灯开关

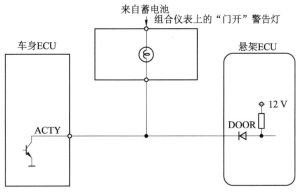

图 2-12　门控灯开关电路（ucF10 车型）

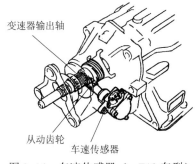

图 2-13　门控灯开关电路图（ucF20 车型）

5. 车速传感器

车速传感器位于变速器输出轴上，如图 2-14 和图 2-15 所示，用来检测变速器输出轴的转速。车速传感器有两种形式，ucF10 车型采用磁阻式，输出轴每转一圈产生 20 个信号，此信号可直接驱动组合仪表内的车速表，之后经组合仪表内的脉冲转换电路转换为输出轴每转一圈产生 4 个信号，再传送到悬架 ECU，如图 2-16 所示。ucF20 车型则采用电磁感应式，车速传感器先将信号送到发动机和变速器 ECU，由后者将车速信号送到组合仪表内的车速表，并驱动车速表。车速信号再在组合仪表内转换成每转 4 个脉冲送至悬架 ECU，如图 2-17 所示。

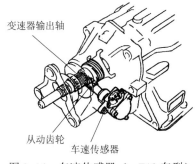

图 2-14　车速传感器（ucF10 车型）

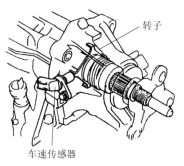

图 2-15　车速传感器（ucF20 车型）

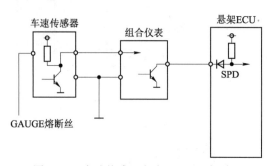

图 2-16 车速传感器电路（ucF10 车型）

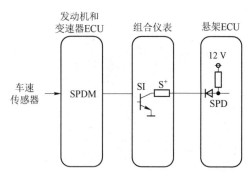

图 2-17 车速传感器电路（ucF20 车型）

6. 节气门位置传感器

节气门位置传感器装在节气门体上，如图 2-18 所示，用来检测节气门的开度。节气门位置传感器的结构如图 2-19 所示。发动机和变速器 ECU 将 5 V 的恒定电压加在传感器的 V_C 端子上，当传感器的节气门信号触点随节气门开度在可变电阻器上滑动时，加在传感器 V_{TA} 端子上的电压就与节气门开度成正比，如图 2-20 所示。

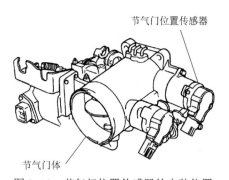

图 2-18 节气门位置传感器的安装位置

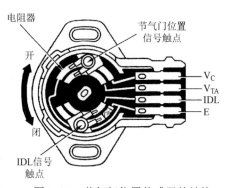

图 2-19 节气门位置传感器的结构

发动机和变速器 ECU 将这一代表节气门开度的信号 V_{TA}，经过转换送到悬架 ECU。对于 ucF10 车型，发动机和变速器 ECU 通过 L_1、L_2 和 L_3 将节气门开度信号传送到悬架 ECU，如图 2-21 所示；对于 ucF20 车型，发动机和变速器 ECU 只需 L_1 便可将节气门开度信号送到悬架 ECU，如图 2-22 所示。

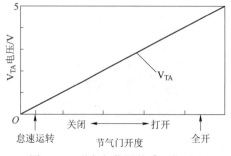

图 2-20 节气门位置传感器信号

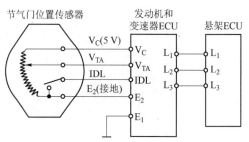

图 2-21 节气门位置传感器电路（ucF10 车型）

7. 发电机 IC 调节器

发电机 IC 调节器位于发动机的交流发电机内，如图 2-23 所示。IC 调节器的 L 端子在发动机运转时（即发电机发电）为蓄电池电压，在发动机停止时（即发电机不发电）不高于 1.5 V。IC 调节器的 L 端子直接与悬架 ECU 的 REG 端子连接，悬架 ECU 据此判断发动机是否运转。悬架 ECU 利用这一信号，进行如转向、高度等传感器的检查和失效保护。

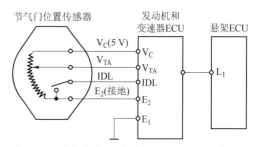

图 2-22　节气门位置传感器电路（ucF20 车型）

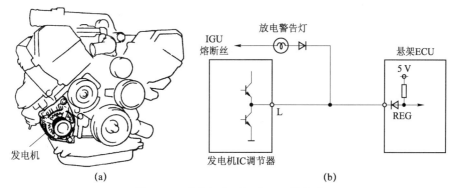

图 2-23　发电机电压调节器及其电路

（a）电压调节器；（b）电路

8. 转向传感器

转向传感器位于组合开关总成内，如图 2-24 所示，用于检测汽车转弯的方向和转弯的角度。转向传感器由一个信号盘（有缝圆盘）和两个遮光器组成。每个遮光器有一个发光二极管和光敏晶体管，两者相互对置，并固定在转向柱管上。信号盘沿圆周开有 20 条光缝，它被固定在方向盘主轴上，随主轴转动而转动。

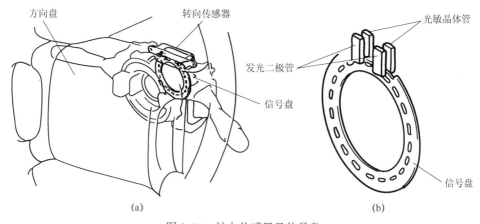

图 2-24　转向传感器及信号盘

（a）转向传感器；（b）信号盘

当汽车转弯时，方向盘转动，信号盘也随之转动。从 ECU-IG 熔断丝供给的电流使两个发光二极管发光,如图 2-25 所示。当信号盘在两个发光二极管和光敏晶体管之间通过时,从发光二极管发出的光线被交替切断和通过,光敏晶体管也就被这光线交替接通和切断。这样,三极管 Tr_1 和 Tr_2 就按照来自光敏晶体管的信号而发出通/断信号。所以,电流按照来自光敏晶体管的通/断信号从悬架 ECU 的 SS_1 和 SS_2 端子流至三极管 Tr_1 和 Tr_2。若电流流过时信号为 1,电流不流过时信号为 0,则合成信号如图 2-25(c)所示。悬架 ECU 就根据这些信号的变化来检测转弯的方向和转弯的角度。

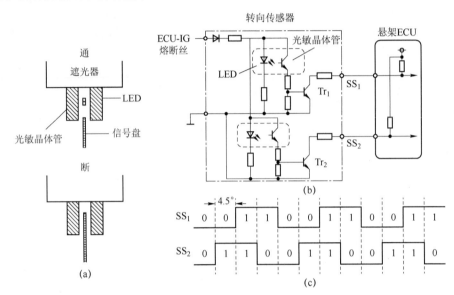

图 2-25 转向传感器的工作原理

(a)光敏晶体管;(b)转向传感器电路;(c)光敏晶体管的合成信号

9. 高度传感器

高度传感器的作用是检测车身高度及因路面不平引起的每个悬架的位移量,并将之转换成电子信号输入悬架 ECU。

高度传感器有两种形式:用于 ucF10 车型的光电式和用于 ucF20 车型的线性式。两种形式的高度传感器安装位置都相同(均装在车身上),传感器通过传感器轴外端的导杆与控制杆相连。对于前悬架,控制杆的另一端与减震器下支撑相连;对于后悬架,控制杆的另一端连接到悬架下摆臂,如图 2-26 所示。

1)光电式高度传感器

传感器内部有一个有缝信号盘和 4 对遮光器,信号盘固定在传感器轴上,由导杆带动而转动。遮光器由发光二极管和光敏晶体管组成,在发光二极管和光敏晶体管之间隔着信号盘。当车身高度发生变化或因路面不平造成各悬架的位移量发生变化时,信号盘在导杆的带动下转动,使发光二极管的光被遮挡或通过,从而使接收光线的光敏晶体管切断或导通,如图 2-26 所示。这些通断信号送到悬架 ECU,悬架 ECU 就可以检测出车身高度的变化。

根据传感器内使用的遮光器数量,通过各遮光器通/断信号的组合,可把车身高度分为不同数量的区域,以便对车身高度进行精确的控制。凌志 LS400 ucF10 车型使用了 4 个遮光器,这 4 个遮光器通断信号的组合可把车身高度从低至高分为 16 级,如表 2-3 所示。

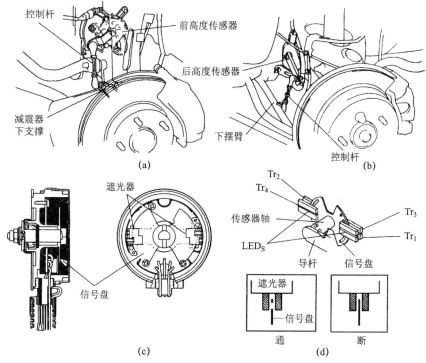

图 2-26 高度传感器（ucF10 车型）

（a）前高度传感器；（b）后高度传感器；（c）传感器截面；（d）光敏晶体管

表 2-3 车辆高度和传感器输出的关系

车辆高度 高度分级 光敏晶体管	最低		低				标准				高				最高	
	①	②	③	④	⑤	⑥	⑦	⑧	⑨	⑩	⑪	⑫	⑬	⑭	⑮	⑯
Tr_1	断	断	断	断	断	断	通	通	通	通	通	通	通	通	断	断
Tr_2	断	断	通	通	通	通	通	通	通	通	断	断	断	断	断	断
Tr_3	断	断	断	断	通	通	通	通	断	断	断	断	通	通	通	通
Tr_4	断	通	通	断	断	通	通	断	断	通	通	断	断	通	通	断

每个高度传感器的车身高度信号，即为按 4 个遮光器中的光敏晶体管 Tr_1、Tr_2、Tr_3 和 Tr_4 顺序排列的通断信号，4 个高度传感器把已按顺序排列好的信号送到悬架 ECU 的 SHFR、SHFL、SHRR 和 SHRL 端子，如图 2-27 所示。而悬架 ECU 从 SHCLK 和 SHLOAD 端子送出的信号是供 4 个高度传感器做正时用的基准信号。例如，当如图 2-28 所示的高度信号由左后高度传感器送到悬架 ECU 的 SHRL 端子时，悬架 ECU 就按照基准信号 SHCLK 和 SHLOAD 的正时时刻读出左后高度传感器的 Tr_1、Tr_2、Tr_3 和 Tr_4 分别为断、通、通和断，于是判断该处车身高度为第⑤级，如表 2-3 所示。

2）线性式高度传感器

线性式高度传感器的安装与光电式高度传感器相同，如图 2-29 所示。线性式高度传感器利用因悬架位移量的变化而造成电阻器阻值的变化，得到线性式的输出，这种传感器检测精度更高。

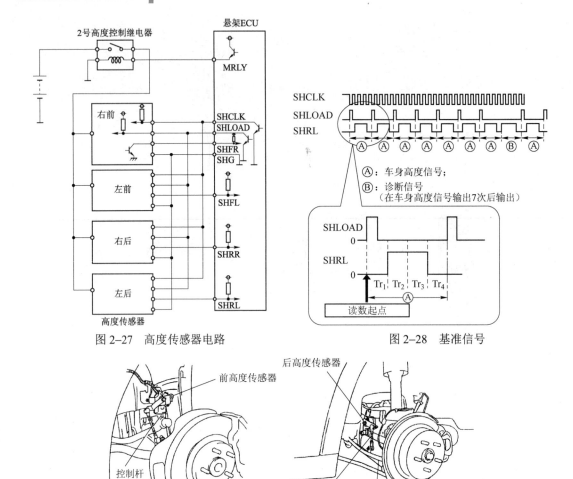

图 2-27　高度传感器电路

图 2-28　基准信号

　　(a)

图 2-29　线性式高度传感器

(a) 前轮部分；(b) 后轮部分

　　传感器由传感器轴、转板、电刷和印刷电路板组成，传感器轴、转板和电刷组合成一个整体，由导杆带动而转动；印刷电路板上有一电阻器，电刷可在电阻器上滑动，如图 2-30 所示。

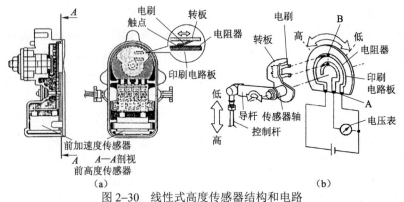

图 2-30　线性式高度传感器结构和电路

(a) 结构；(b) 电路

当由于车身高度的变化使与转板和传感器轴一体的电刷在电阻器上滑动时，A 和 B 之间的电阻值就发生变化，电阻值的变化与转板的转动角度成正比，也即与车身高度的变化成正比。当悬架 ECU 把一个恒定电压加到整个电阻器时，A 和 B 之间产生的电压变化取决于转板的转动角度。这一电压信号送到悬架 ECU，悬架 ECU 即可从电压的变化中检测出车身高度的变化，如图 2-31 所示。

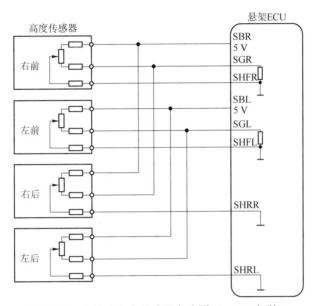

图 2-31　线性式高度传感器电路图（ucF20 车型）

10. 加速度传感器

加速度传感器用来测量车身的垂直加速度，只有 ucF20 车型才装有加速度传感器。加速度传感器共有三个，两个前加速度传感器分别装在前左、前右高度传感器内；一个后加速度传感器装在行李厢右侧的下面，如图 2-32 所示。这三个加速度传感器分别检测车身的前左、前右和后右位置的垂直加速度。车身后左位置的垂直加速度则由悬架 ECU 从这三个加速度传感器所获得的数据推导出来。

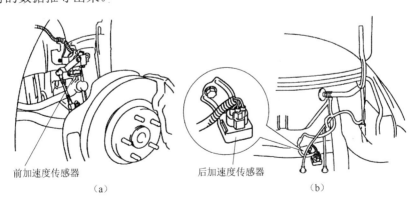

（a）　　　　　　　　　　　　　　（b）

图 2-32　加速度传感器
（a）前加速度传感器；（b）后加速度传感器

加速度传感器主要由压电陶瓷盘和膜片组成，如图 2-33 所示，两个压电陶瓷盘固定在膜片两侧，并支撑在传感器中心。当加速度作用在整个传感器时，压电陶瓷盘在其自身质量作用下弯曲变形。根据压电陶瓷的特性，它们将产生与其弯曲率成正比例变化的电荷。这些电荷由传感器内的电子电路转换成与加速率成正比例变化的电压，输送到悬架 ECU，如图 2-34 所示。

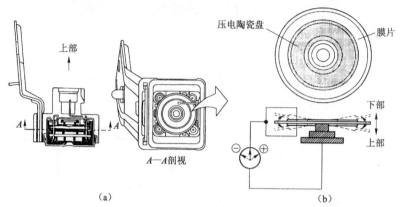

图 2-33　加速度传感器的结构及工作原理

（a）结构；（b）工作原理

悬架 ECU 根据从加速度传感器接收到的信号计算出 4 个车轮的弹簧支撑质量的垂直加速度。此外，悬架 ECU 还通过高度传感器计算出弹簧支撑质量和非弹簧支撑质量之间的相对速度。根据这些数据，悬架 ECU 把 4 个车轮的减振阻尼控制在最佳值，以获得稳定的汽车行驶状态，提高汽车驾驶的稳定性。

11. 悬架控制执行器

悬架控制执行器装在各空气弹簧和可调减震器的上方，如图 2-35 所示。对于 ucF10 车型，执行器同时驱动减震器的转阀和空气弹簧的连通阀，以改变减震器的减振阻尼和空气弹簧的刚度；对于 ucF20 车型，执行器只驱动减震器的转阀。

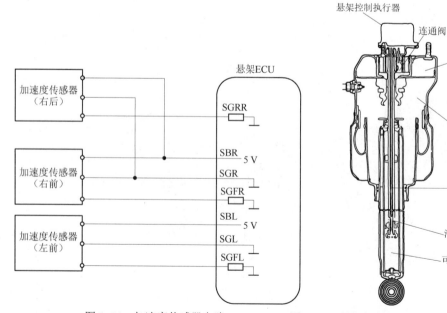

图 2-34　加速度传感器电路　　　　图 2-35　悬架控制执行器的安装位置（ucF10 车型）

ucF10 车型的悬架控制执行器是一个有 3 步动作的电磁阀；ucF20 车型的悬架控制执行器则是一个有 9 步动作的步进电动机。

1）ucF10 车型的电磁阀式悬架控制执行器

执行器由电磁力驱动，能够精确地对频繁变化的行驶工况做出快速响应。电磁阀由 4 个定子绕组（铁芯及线圈）和永久磁铁转子组成，如图 2-36 所示。电流流到定子绕组的线圈时，在定子铁芯中产生电磁力，流到两个定子线圈的电流由悬架 ECU 调节。悬架 ECU 通过控制流到定子线圈电流的流向，可以改变定子铁芯的极性，即从 N 极变为 S 极，或从 S 极变为 N 极，或是变为非极性状态。永久磁铁转子由定子线圈产生的磁力而转动。永久磁铁转子与空气弹簧的连通阀控制杆连成一个整体，并通过一对齿轮与减震器的转阀控制杆联动。

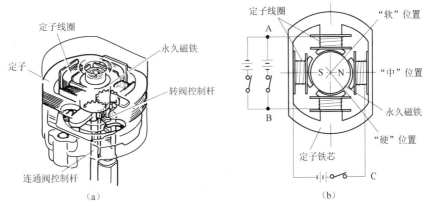

图 2-36　电磁阀式悬架控制执行器（ucF10 车型）

（a）结构；（b）电路

ucF10 车型悬架控制执行器电路如图 2-37 所示。执行器分为前、后两组，左前、右前和

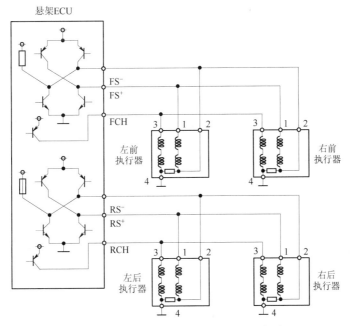

图 2-37　悬架控制执行器电路（ucF10 车型）

左后、右后均同时动作。以后执行器为例，当电流从悬架 ECU 的 RS⁻端子流到执行器，并经悬架 ECU 的 RS⁺端子流回时，执行器控制杆的位置从"中"或"硬"转至"软"；当电流从悬架 ECU 的 RCH 端子流到执行器，并从执行器的 4 端子接地时，执行器控制杆的位置从"硬"或"软"转至"中"；当电流从悬架 ECU 的 RS⁺端子流到执行器，并经悬架 ECU 的 RS⁻端子流回时，执行器控制杆的位置从"软"或"中"转至"硬"。表 2-4 所示为电磁阀式悬架控制执行器动作关系。

表 2-4 电磁阀式悬架控制执行器动作关系

减振阻尼		软	中	硬
弹簧刚度		软	硬	硬
端子极性	1（FS⁺）	⊖	—	⊕
	2（FS⁻）	⊕	—	⊖
	3（FCH）	—	⊕	—
	4	—	⊖	—
定子铁芯				
执行器的动作				

2）ucF20 车型的步进电动机式悬架控制执行器

这种执行器由步进电动机驱动。与上述 3 步式的电磁阀相比，可获得更快速的响应和更精确的控制，因此汽车在不平路面行驶时可获得更佳的悬架控制效果。

步进电动机装在悬架控制执行器内，由定子和线圈以及永磁转子组成，如图 2-38 所示。

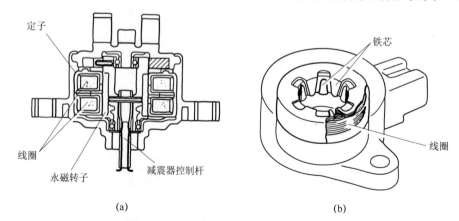

(a)　　　　　　　　　　　　　(b)

图 2-38　步进电动机式悬架执行器的结构

（a）结构；（b）定子和线圈

定子有两个 12 极的铁芯，相互错开半齿而对置，两个线圈绕在两个铁芯上，但绕线方向相反。转子则是一个具有 12 极的永久磁铁。当悬架 ECU 对两个线圈通以脉冲信号时，在定子上便产生电磁力，使永久磁铁转子转动，从而通过减震器控制杆使减震器转阀转动。悬架 ECU 每施加一次脉冲信号，转子转动一步（一步是 1/24 圈即 15°），如果改变脉冲信号的施加顺序，步进电动机也可以逆转。步进电动机为非接触型电动机，根据脉冲信号的施加方式，可以自由控制转子的旋转速度和停留位置。其电路如图 2-39 所示，每个悬架控制执行器可独立动作。

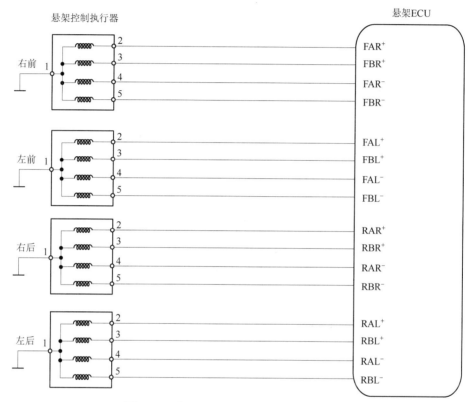

图 2-39　步进电动机式悬架控制执行器电路

12. 可调式减震器

可调式减震器装在空气弹簧下面，与空气弹簧一起构成悬架支柱，上端与车架连接，下端装在悬架摆臂上，如图 2-40 所示。

可调式减震器减振阻尼的改变是由流过活塞节流孔油量的变化来实现的，而油量的变化靠改变活塞节流孔的大小来实现。以 ucF10 车型为例，与控制杆连成一体的转阀上有两组节流孔，活塞杆上也有两个节流孔。悬架控制执行器驱动控制杆，使转阀在活塞杆内转动，从而打开或关闭这些节流孔，使通过这些节流孔的油液量发生变化，以此来控制减震器的减振阻尼，如图 2-41 所示。

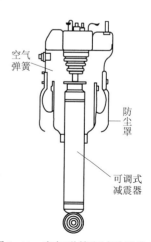

图 2-40　空气弹簧和减震器总成

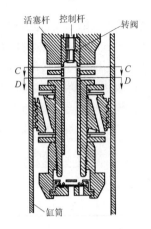

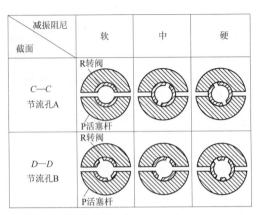

图 2-41 可调式减震器

节流孔 A 和 B 开合的不同组合，可得到减震器减振阻尼力的 3 级变化。减震器减振阻尼力特性曲线如图 2-42 所示。

可调式减震器减振阻尼力变化状态如下：

（1）减振阻尼力为"软"。

节流孔 A 和 B 均打开，减震器油液流动如图 2-43 所示。

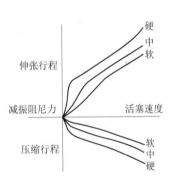

图 2-42 减震器减振阻尼力特性曲线

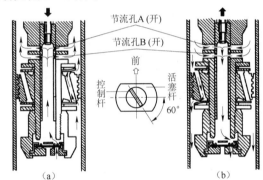

图 2-43 减震器减振阻尼力为"软"
（a）压缩行程；（b）伸张行程

（2）减振阻尼力为"中"。

节流孔 A 关闭，节流孔 B 打开，减震器油液流动如图 2-44 所示。

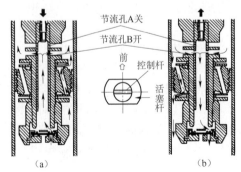

图 2-44 减震器减振阻尼力为"中"
（a）压缩行程；（b）伸张行程

（3）减振阻尼力为"硬"。

节流孔 A 和 B 均关闭，减震器油液流动如图 2-45 所示。

ucF20 车型的可调式减震器的结构和工作原理与 ucF10 车型基本相同。但由于采用了步进电动机式悬架控制执行器，减震器的减振阻尼力变化范围比 ucF10 车型大很多，减振阻尼力的变化也从 3 级变为连续变化，如图 2-46 所示。

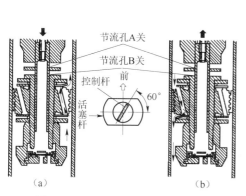

图 2-45　减震器减振阻尼力为"硬"
（a）压缩行程；（b）伸张行程

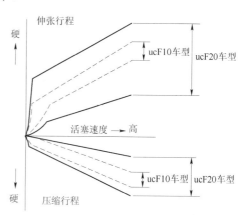

图 2-46　减振阻尼力特性曲线

此外，ucF20 车型的可调式减震器内增加了一个回跳弹簧，如图 2-47 所示。这一弹簧可有效地抑制汽车姿态的变化。如在汽车转弯时，回跳弹簧可抑制汽车内侧车轮的上升趋势；在制动时，回跳弹簧也可有效地阻止汽车后轮的上升趋势。

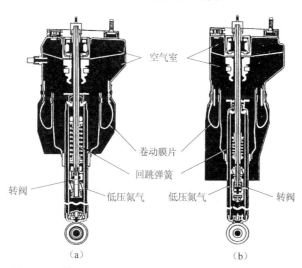

图 2-47　前、后空气弹簧和减震器总成（ucF20 车型）
（a）前总成；（b）后总成

如图 2-48 所示，回跳弹簧一端装在与减震器活塞杆连成一体的止动板上，另一端装在可沿活塞杆滑动的弹簧导块上，一块橡胶回跳止动块装在弹簧导块上。当回跳弹簧的止动块未触到减震器上部时，回跳弹簧不起任何作用。在如图 2-48 所示的 L 范围内，这种减震器就如 ucF10 车型减震器一样，使汽车保持良好的乘坐舒适性。

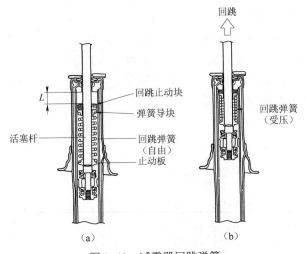

图 2-48　减震器回跳弹簧

(a) 回跳弹簧不起作用；(b) 回跳弹簧工作

13. 空气弹簧

空气弹簧安装于可调式减震器上端，与可调式减震器一起构成悬架支柱，上端与车架相连接，下端装在悬架摆臂上。

1）ucF10 车型的空气弹簧

ucF10 车型的前、后空气弹簧和减震器总成如图 2-49 所示。

ucF10 车型的空气弹簧主要由一个主气室和一个副气室组成，如图 2-50 所示。主、副气室之间由连通阀相连，连通阀由悬架控制执行器通过连通阀控制杆来控制，以连通或关闭主、副气室之间的空气通道，使空气弹簧的有效工作容积改变，从而使空气弹簧的刚度发生变化。此外，主气室也是一个变容室，其下部有卷动膜片（图 2-49），通过增减主气室内的压缩空气量，就可调节汽车高度。

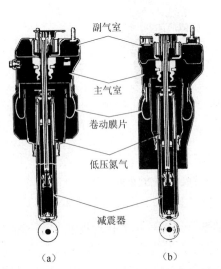

图 2-49　ucF10 车型的前、后空气弹簧和减震器总成

(a) 前总成；(b) 后总成

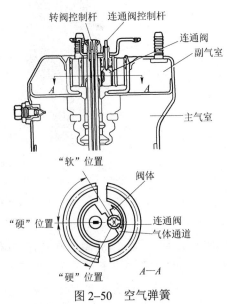

图 2-50　空气弹簧

当连通阀转到如图 2—51 所示的位置时，主、副气室的气体通道被打开，主气室的气体经连通阀的中间孔与副气室的气体相通，相当于空气弹簧的工作容积增大，空气弹簧的刚度"软"。

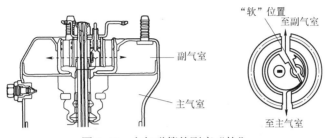

图 2—51　空气弹簧的刚度"软"

当连通阀转到如图 2—52 所示的位置时，主、副气室的气体通道被关闭，主、副气室之间的气体不能相互流动，此时的空气弹簧只有主气室的气体参加工作，空气弹簧的刚度"硬"。

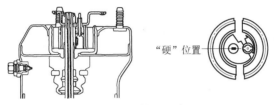

图 2—52　空气弹簧的刚度"硬"

此外，空气弹簧还可以控制车身高度。当需要升高车身时，由空气压缩机来的空气经高度控制电磁阀向空气弹簧的主气室充气，使空气弹簧伸张，从而使车身高度增加；当需要降低车身高度时，空气弹簧主气室的空气经排气电磁阀排出到大气，使空气弹簧收缩，降低车身高度。所以，通过增、减空气弹簧主气室内的空气量，可实现对车身高度的控制，如图 2—53 所示。

2）ucF20 车型的空气弹簧

ucF20 车型的空气弹簧和减震器总成如图 2—47 所示。

这种空气弹簧与 ucF10 车型在结构和工作原理方面基本相同，但也有不同的地方，主要是把主、副气室组合为一个单一的空气室，使空气弹簧的空气室体积加大，压缩空气的容量也加大，从而提高了乘坐舒适性。

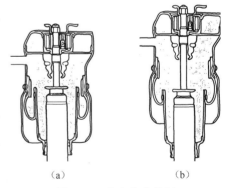

图 2—53　车身高度控制
（a）车身低；（b）车身高

14. 空气压缩机

空气压缩机用来产生供车身高度调节所需的压缩空气。如图 2—54 所示，空气压缩机采用单缸活塞连杆式结构，由直流电动机驱动，其电路如图 2—55 所示。悬架 ECU 通过控制 1 号高度控制继电器来控制空气压缩机。当车内乘员人数或汽车载荷增加时，车身高度降低，悬架 ECU 控制 1 号高度控制继电器，起动空气压缩机并打开高度控制电磁阀，给空气弹簧主气室充气，使车身高度升高；当车内乘员人数或汽车载荷减小时，车身高度会上升，这时悬架 ECU 打开高度控制电磁阀和排气电磁阀，使空气弹簧主气室内的空气排出，从而使车身下降。此外，悬架 ECU 通过测量 RM⁺ 和 RM⁻ 端子的电压来判断电动机的运行状态，并在检测到异常情况时中止高度控制。

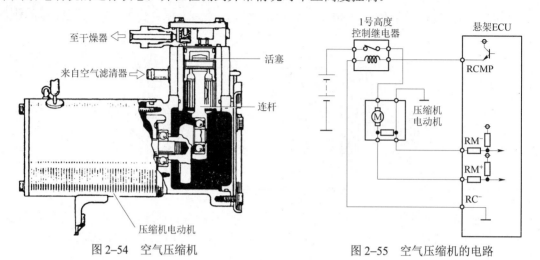

图 2-54　空气压缩机

图 2-55　空气压缩机的电路

15. 干燥器和排气电磁阀

干燥器的作用是去除压缩空气中的水分。

排气电磁阀的作用是将空气弹簧内的压缩空气排出到大气，同时还将干燥器中的水分带走。两者的结构如图 2-56 所示。干燥器内填充有硅胶做干燥剂，所吸收的水分在排气电磁阀打开时排走，所以硅胶干燥剂无须更换。当空气悬架系统维修时，若需拆卸干燥器，必须密封好空气管道接口，以延长硅胶的使用寿命。

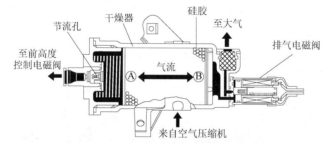

图 2-56　干燥器和排气电磁阀的结构
*Ⓐ从压缩机至高度控制电磁阀（增加汽车高度）；
　Ⓑ从高度控制电磁阀至大气（降低汽车高度）

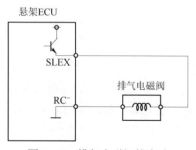

图 2-57　排气电磁阀的电路

排气电磁阀的电路如图 2-57 所示。由悬架 ECU 控制，当收到来自悬架 ECU SLEX 端子的降低汽车高度的信号时，排气电磁阀打开，将压缩空气从空气弹簧排到大气中去。

16. 高度控制电磁阀

高度控制电磁阀的作用是根据悬架 ECU 的控制信号控制空气悬架的充气和排气。前高度控制电磁阀用于前悬架，它由两个电磁阀组成，分别控制左右空气弹簧。后高度控制电磁阀用于后悬架，也是由两个电磁阀组成，与前控制电磁阀不同的是，两个电磁阀不是单独工作，而是同时工作。后高度控制电磁阀中还装有一个减压阀，用来防止空气管道内压力过高，如图 2-58 所示。

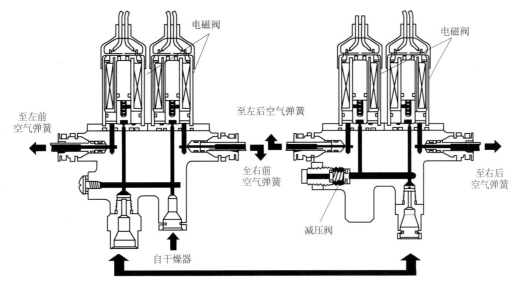

图 2-58   高度控制电磁阀

高度控制电磁阀的电路如图 2-59 所示，如果悬架 ECU 从 SLFR 端子流出电流，则相应的电磁阀打开，车辆右前侧高度升高或降低；如果悬架 ECU 让电流从 SLRR 和 SLRL 端子流出，则后高度控制电磁阀的两个电磁阀均打开，车辆后侧高度升高或降低。

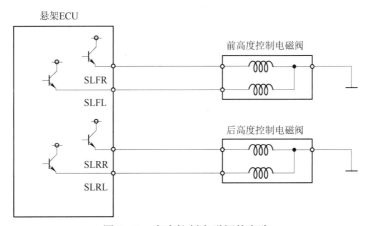

图 2-59   高度控制电磁阀的电路

17. LRC 指示灯

对于 ucF10 车型，LRC 指示灯位于组合仪表上，如图 2-60 所示。这个指示灯用来指示当前减震器和空气弹簧的工作模式（"NORM"或"SPORT"）。当选择"SPORT"（运动）模式时，指示灯亮；当选择"NORM"（常规）模式时，指示灯灭。

对于 ucF20 车型，由于悬架系统性能提高而取消了 LRC 开关，因而也取消了 LRC 指示灯。

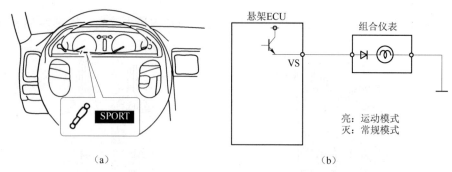

图 2-60　LRC 指示灯及其电路

（a）LRC 指示灯；（b）电路

18. 车身高度指示灯

对于 1993 年以前的 ucF10 车型，车身高度指示灯有 2 个（HI、NORM）或 3 个 [HI、NORM、LO（LO 仅适用于美国规格）]；对于 1993 年及以后的 ucF10 车型，车身高度指示灯只有 1 个（HI），如图 2-61 所示。这些指示灯均位于组合仪表上，用来指示所选择的车身高度。当车身高度控制开关的位置改变时，指示灯马上指示出切换后的位置，但要达到所设定的车身高度则需要一定的时间。车身高度指示灯的电路如图 2-62 所示。

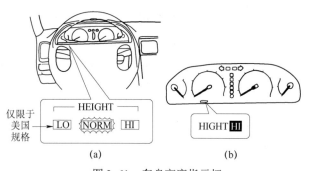

图 2-61　车身高度指示灯

（a）1993 年以前车型；（b）1993 年以后车型

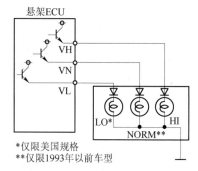

图 2-62　车身高度指示灯的电路

19. 高度控制连接器

本连接器对高度控制系统的检查和修理提供了很大方便。通过连接该连接器上的不同端子，可以不必通过悬架 ECU 而直接操纵压缩机电动机、高度控制电磁阀和排气阀，从而控制车身高度。此外，ucF10 车型的连接器还提供了清除悬架 ECU 中故障代码的端子。凌志 LS400 ucF10 车型的高度控制连接器放在后行李厢右侧；ucF20 车型则放在手套箱下，如图 2-63 和图 2-64 所示。高度控制连接器各端子的连接及相应的控制如表 2-5 和表 2-6 所示。

表 2-5　高度控制连接器功能（ucF10 车型）

功能＼端子	1	2	3	4	5	6	7	8	9
升高右前悬架	○	○					○		
升高左前悬架	○		○						
升高右后悬架	○			○			○		

续表

功能 ＼ 端子	1	2	3	4	5	6	7	8	9
升高左后悬架	○				○		○		
降低右前悬架	○	○				○			
降低左前悬架	○		○			○			
降低右后悬架	○			○		○			
降低左后悬架	○				○	○			
清除故障代码								○	○

○——○表示连接。

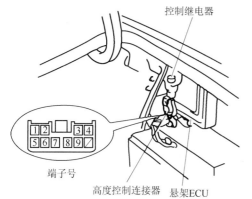

图 2-63　高度控制连接器（ucF10 车型）

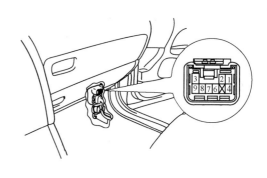

图 2-64　高度控制连接器（ucF20 车型）

表 2-6　高度控制连接器功能（ucF20 车型）

功能 ＼ 端子	1	2	3	6	7	8	9
升高右前悬架		○	○	○			
升高左前悬架	○		○	○			
升高右后悬架			○	○			○
升高左后悬架			○	○		○	
降低右前悬架		○	○		○		
降低左前悬架	○		○		○		
降低右后悬架			○	○			
降低左后悬架			○	○	○		

○——○表示连接。

20. 气管

空气悬架系统一般采用钢管和尼龙软管作为空气管。钢管用于固定车身上的前、后高度控制阀之间的固定管道；尼龙软管用于诸如空气弹簧与高度控制阀之间的有相对运动的管道。尼龙软管采用单触式接头，以方便维修和具有良好的密封性，如图 2-65 所示。

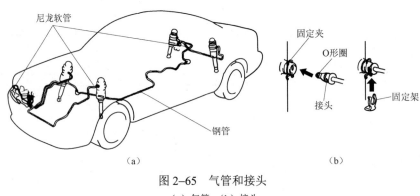

图 2-65 气管和接头

（a）气管；（b）接头

第四节　电控空气悬架系统的控制系统功能

电控空气悬架系统由悬架 ECU 控制。其控制原理如图 2-66 和图 2-67 所示，其电路如图 2-68 和图 2-69 所示。

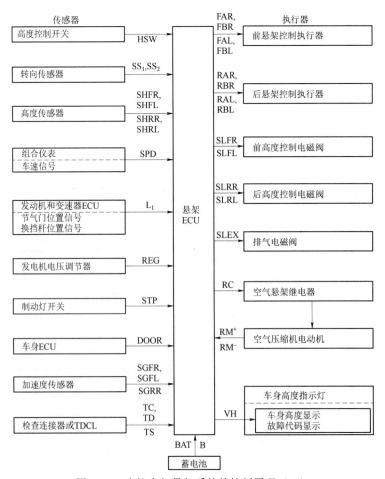

图 2-66　电控空气悬架系统的控制原理（一）

悬架 ECU 根据从各个传感器来的信号以及悬架控制开关的选择模式独立地控制 4 个车轮上的减震器减振阻尼力、悬架弹簧刚度（ucF10 车型）和车辆高度。悬架 ECU 还具有自我诊断功能，它可对悬架控制系统的故障进行诊断，把故障代码储存在储存器，并对驾驶员发出警示。悬架 ECU 又具备失效保护功能，在系统出现故障时可禁止或继续支持悬架控制。

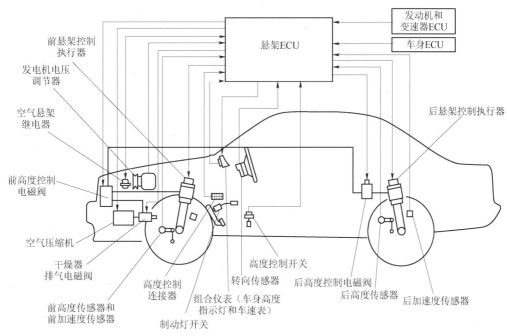

图 2-67　电控空气悬架系统的控制原理（二）

一、减振阻尼力和弹簧刚度控制

这一控制具有以下功能。

1. 防侧倾控制

本控制可在转弯中或在 S 形弯路上抑制车辆的侧倾。根据车速和转弯角度，悬架 ECU 使电流从其 FS^+ 和 RS^+ 端子流出，从而将悬架执行器设置在"硬"的位置，如图 2-70 所示。在方向盘恢复至正向前位置约 2 s 后，悬架 ECU 取消这一控制，让电流从 FS^- 和 RS^- 端子流出，使执行器恢复至原来的减振阻尼力和弹簧刚度。如果方向盘连续沿左右两个方向来回转动，或转动得比正常转弯大时，则这一控制的时间延长。

2. 防"点"头控制

这一控制用于防止汽车在制动时过量的点头。当车速、制动灯开关和汽车高度发生变化时，悬架 ECU 让电流从其 FS^+ 和 RS^+ 端子流出，通过悬架执行器把减振阻尼力和弹簧刚度设置到"硬"状态，如图 2-71 所示。在松开制动踏板约 1 s 后，这一控制被取消，电流从悬架 ECU 的 FS^- 和 RS^- 端子或 FCH 和 RCH 端子流出，悬架执行器恢复至原来的减振阻尼力和弹簧刚度。

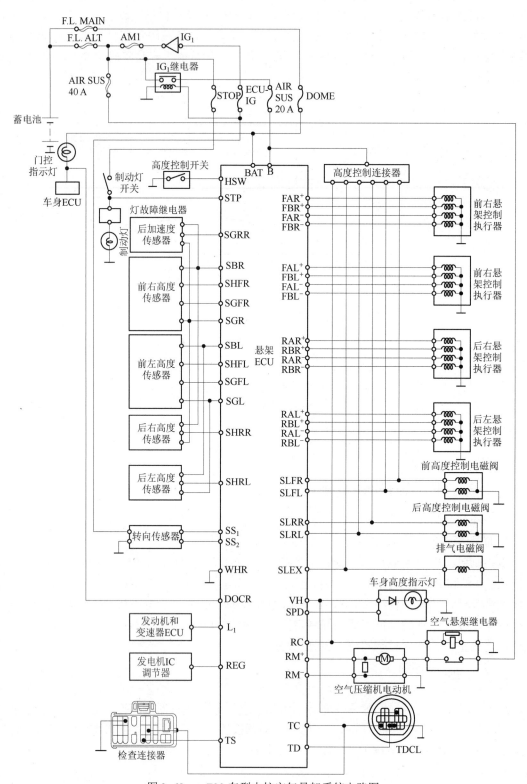

图 2-68 ucF20 车型电控空气悬架系统电路图

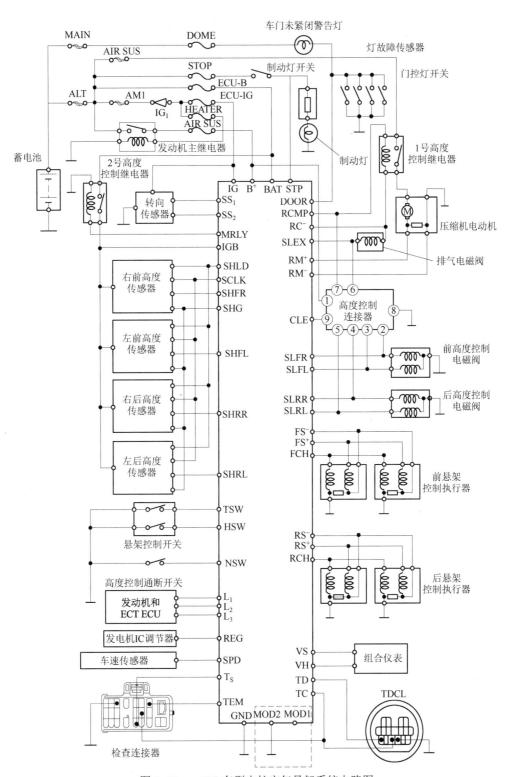

图 2-69　ucF10 车型电控空气悬架系统电路图

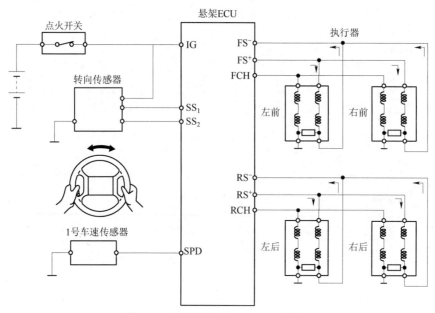

图 2-70　防侧倾控制（ucF10 车型）

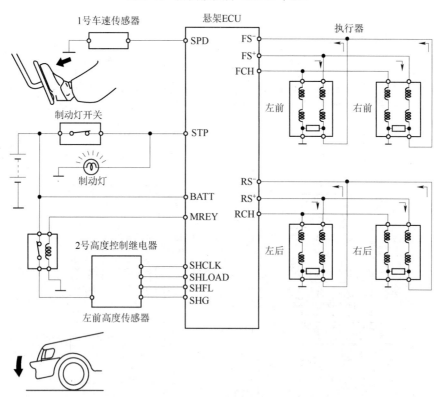

图 2-71　防"点"头控制（ucF10 车型）

3. 防下坐控制

这一控制可在汽车起动或突然加速时抑制汽车后部的下坐。当悬架 ECU 从车速传感器和节气门位置传感器（检测节气门开启和打开的速度）测知汽车在起步或突然加速时，会让电流从其 FS⁺和 RS⁺端子流出，使悬架执行器把减振阻尼力和弹簧刚度设置到"硬"状态，如图 2-72 所示。这一控制约在 2 s 后或是车速达到预定值时取消，悬架 ECU 让电流从 FS⁻和 RS⁻或 FCH 和 RCH 端子流出，从而恢复至原来的减振阻尼力和弹簧刚度。

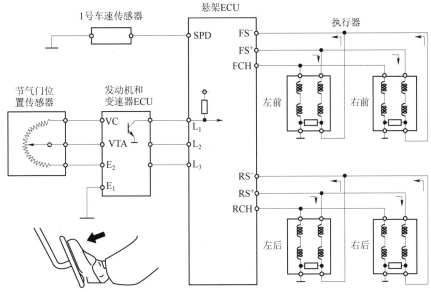

图 2-72　防下坐控制

4. 高车速控制

这一控制可在汽车高速时改善行驶稳定性和可控制性。当车速较高时（≥140 km/h），悬架 ECU 使电流从其 FCH 和 RCH 端子流出，将减振阻尼力和弹簧刚度分别设置到"中"和"硬"位置，以提高汽车稳定性，如图 2-73 所示。当车速降至某一值（约 120 km/h）以下时，悬架 ECU 让电流从其 FS⁻和 RS⁻端子流出，使悬架执行器恢复至原来的设置。

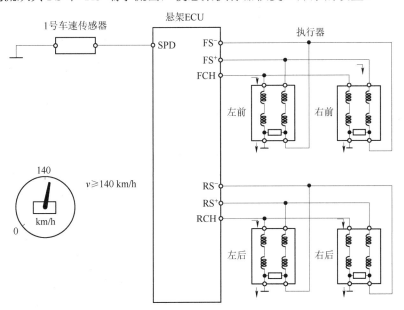

图 2-73　高车速控制

5. 坏路控制

这一控制可抑制汽车在坎坷不平道路上行驶时发生的碰底、俯仰和跳振，以改善乘坐的舒适性。这一控制可根据汽车前、后高度的变化分别对前轮和后轮单独进行。但当车速低于10 km/h 时，不再进行这一控制，如图 2-74 所示。当左前或右前高度传感器检测到路面不平整时，悬架 ECU 使电流从 FCH 端子流出，将减振阻尼力设置为"中"，弹簧刚度设置为"硬"；若检测到路面很不平整时，悬架 ECU 将减振阻尼力和弹簧刚度均设置为"硬"。后悬架的设置方式与前悬架一样，只是由左后或右后高度传感器来检测路面的平整程度。

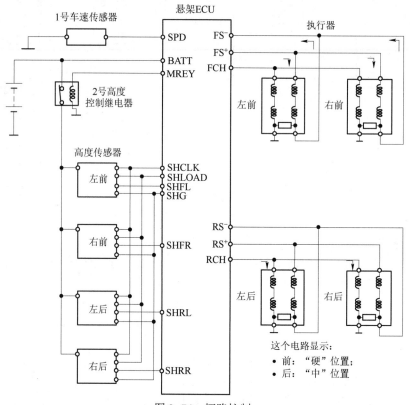

图 2-74　坏路控制

二、半主动控制

对于 1994 年 10 月后产的 ucF20 车型，凌志 LS400 的电控空气悬架系统引入了半主动控制制，它可独立地把 4 个车轮的悬架减振阻尼力精确地调节到最佳，以适应路面的不平。这种悬架同样由弹簧和减震器组成，如图 2-75 所示。悬架 ECU 通过加速度传感器和高度传感器检测车身的垂直速度（弹簧质量的垂直速度）、减震器速度（弹簧质量和非弹簧质量的相对速度），然后输出控制信号到悬架控制执行器，以提供最佳的减振力。下面以汽车走过一个凸起路面为例说明这一控制。其控制过程可分成如下 4 个步骤：

1. 开始上坡

如图 2-76 所示，当车轮开始走向凸起面，使减震器受到压缩，且车身向上移动时，减震器的减振阻尼力减小，以使减震器阻力不把车身推向上。

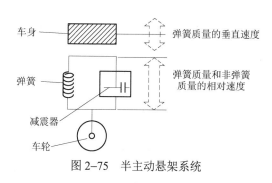

图 2-75　半主动悬架系统

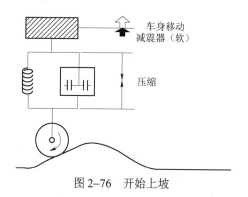

图 2-76　开始上坡

2. 继续上升

如图 2-77 所示，当车轮继续升上凸起路面时，弹簧力向上推车身，使减震器逐渐伸张。因此，减震器的减振阻尼力增加以减少车身向上运动。

3. 开始下坡

如图 2-78 所示，当车轮开始走下凸起路面，使减震器伸张且车身向下运动时，减震器的减振阻尼力减小，以使悬架平缓向下。

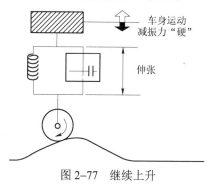

图 2-77　继续上升

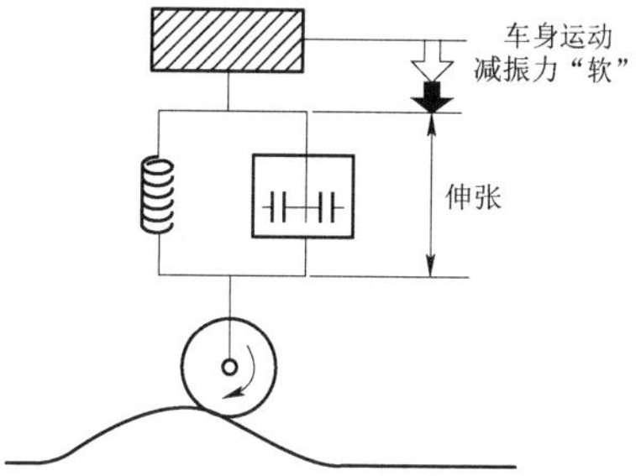

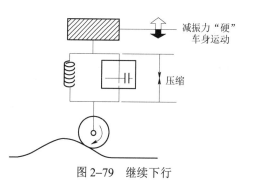

图 2-78　开始下坡

4. 继续下行

如图 2-79 所示，当车轮进一步下行，使减震器逐渐受到压缩时，减震器的减振阻尼力增加，以减少车身向下运动。

因此，通过悬架 ECU 的指令，半主动控制功能会根据不同的情况调节减震器的减振阻尼力。在上述 1 和 3 中，由于减震器的减振阻尼力有助于车身运动，因此悬架 ECU 使减震器变软。而在 2 和 4 中，由于减震器的减振阻尼力抑制车身运动，因此悬架 ECU 使减震器变硬。

根据这一方法，即使在不平的路面，悬架 ECU 也可在所有 4 个车轮上独立地实现最佳减振阻尼力的控制。

图 2-79　继续下行

三、车身高度控制

对于 ucF10 车型，汽车车身高度控制有自动高度控制、高车速控制和关闭点火开关控制

3 种。而经改进的 ucF20 车型则保留前两种控制而取消了关闭点火开关控制，相应地在 ucF10 车型后行李厢内的高度控制通断开关被取消。

1. 自动高度控制

不管车内乘员人数和装载质量如何变化，本控制都能自动控制车身高度，使其保持恒定，这不仅可避免汽车底盘与不平路面相碰刮，而且由于减振弹簧的有效变形被限制在一定范围内，从而使弹簧能最大限度地吸收振动能量，改善汽车乘坐的舒适性。此外，本控制还能使汽车前大灯光束射程保持恒定，提高汽车行驶的安全性，其工作原理如图 2-80 所示。

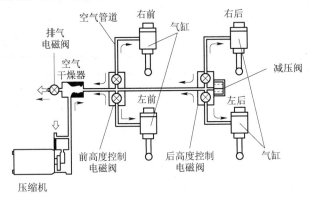

图 2-80　自动高度控制的工作原理

当悬架 ECU 检测到汽车高度变化时，就向 1 号高度控制继电器（RCMP），排气电磁阀，前/后高度控制电磁阀（SLFL、SLFR、SLRL 和 SLRR）输出或切断电流（图 2-81），以调节气缸内的压缩空气量，使汽车高度保持恒定。悬架 ECU 控制各端子的电流及作用如表 2-7 所示。

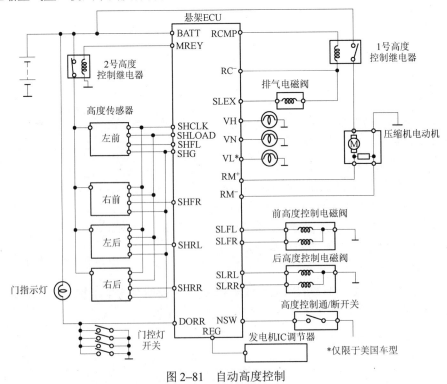

图 2-81　自动高度控制

表 2-7　悬架 ECU 控制各端子的电流及作用

部件（端子）车辆高度		2 号高度控制继电器（MREY）	1 号高度控制继电器（RCMP）	排气电磁阀（SLEX）	前高度控制电磁阀		后高度控制电磁阀	
					用于左侧（SLFL）	用于右侧（SLFR）	用于左侧（SLRL）	用于右侧（SLRR）
升高	左前	○	○	—	—	—	—	—
	右前	○	○	—	—	—	—	—
	左后和右后	○	○	—	—	—	○	○
降低	左前	○	—	○	○	—	—	—
	右前	○	—	○	—	○	—	—
	左后和右后	○	—	○	—	—	○	○
无变化		○	—	—	—	—	—	—

○：导电；—：不导电。

2. 高车速控制

当汽车高速行驶时，高车速控制令车身自动降低高度，从而提高汽车高速行驶的稳定性，并减小空气阻力。当车速超过 140 km/h 时，即使高度控制开关设置在"HIGH"（高）的位置，车身高度仍会降至"NORM"（常规）位置，且仪表板上的"NORM"指示灯点亮。当车速降至 120 km/h 以下时，高车速控制便自动取消，车身恢复至原来高度，如图 2-82 所示。

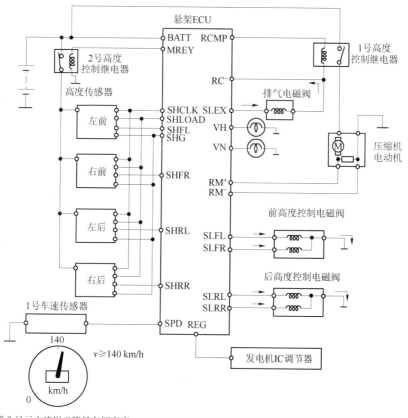

*箭头显示电流用于降低车辆高度

图 2-82　高车速控制

3. 关闭点火开关控制

当汽车停下或乘员需要上、下车时，通过关闭点火开关，本控制可自动降低车身高度，从而改善汽车驻车姿势，方便乘员出入，如图 2-83 所示。

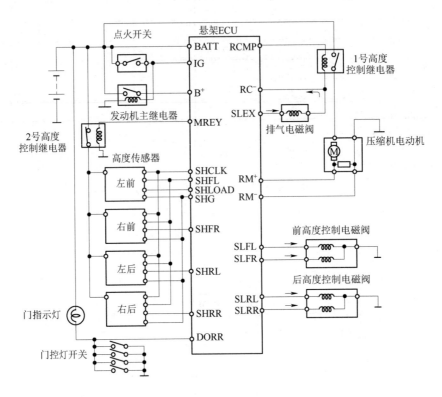

图 2-83　关闭点火开关控制

本控制在关闭点火开关约 3 min 后才能使用，但如果有任一个车门打开，悬架 ECU 就判断有人在下车而中断这个控制。在所有车门都关闭后，这个控制又重新开始。在关闭点火开关约 30 min 后，这个控制无条件被取消。

四、自我诊断

悬架 ECU 还具备下列 3 种自我诊断功能：对输入悬架 ECU 的信号进行检查的输入信号检查功能；对悬架控制系统的故障发出警示的故障警告功能；以代码的形式显示故障内容的故障代码显示功能。

1. 输入信号检查功能

这一功能可检查来自转向传感器和制动灯开关等元件的信号是否正确地输送到悬架 ECU。连接发动机舱内的检查连接器的端子 T_S 和 E_1（图 2-84），方向盘、制动踏板等元件按表 2-8 的规定进行操作。

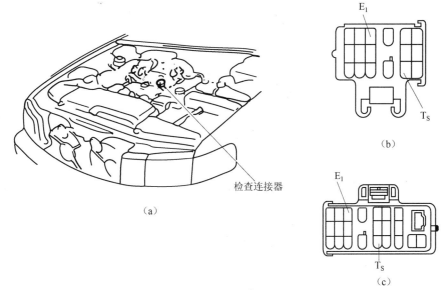

图 2-84　检查连接器

（a）发动机舱；（b）1992 年 8 月以前车型；（c）1992 年 8 月以后车型

表 2-8　输入信号检查操作表

检查项目	操作 A	操作 B
转向传感器	转向朝正前方	转向角不小于 36°
制动灯开关	位于 OFF（制动踏板不踩下）	位于"ON"（制动踏板踩下）
门控灯开关	位于 OFF（所有车门关闭）	位于"ON"（各车门打开）
节气门位置传感器	加速踏板未踩下	加速踏板在 1 s 之内踩到底
车速传感器	车速＜20 km/h	≥20 km/h
高度控制开关	"NORM"位置	"HIGH"位置
LRC 开关*1	"NORM"位置	"SPORT"位置
高度控制通断开关*2	"ON"位置	OFF 位置
右前加速传感器*3		使车辆保持静止，不产生垂直运动，持续 1 s
左前加速传感器*3		使车辆保持静止，不产生垂直运动，持续 1 s
右后加速传感器*3		使车辆保持静止，不产生垂直运动，持续 1 s

*1：适用于 ucF10 车型；

*2：适用于 1989 年 12 月～1992 年 8 月的 ucF10 车型；

*3：适用于 ucF20 车型。

对于 1992 年 8 月以前的凌志 LS400，输入信号检查的结果由仪表板上的车身高度指示灯 "NORM"显示：若输入信号正常，按操作 A，则"NORM"指示灯每 0.5 s 闪烁一次；按操作 B，则该灯持续点亮，如图 2-85 所示，否则表示输入信号有故障。对于 1992 年 8 月以后的凌志 LS400，输入信号检查的结果则由仪表板上的车辆高度指示灯"HI"直接以代码的形式闪烁出来，如图 2-86 所示。1992 年 8 月以后的 ucF10 车型和 1994 年 10 月以后的 ucF20 车型故障代码的含义有所不同。两种车型的故障代码分别如表 2-9 和表 2-10 所示。

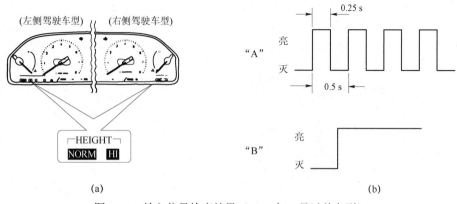

(a)   (b)

图 2-85　输入信号检查结果（1992 年 8 月以前车型）

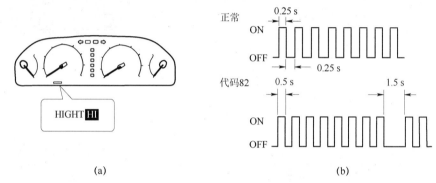

(a)   (b)

图 2-86　输入信号检查结果（1992 年 8 月以后车型）

表 2-9　输入信号检查故障代码（ucF10 车型）

故障代码	系统	闪烁模式	诊　断
82	转向传感器电路	R05005	不输入转向角 36° 以上的信号
83	制动灯开关电路	R05005	制动灯开关信号不变化
84	门控灯开关电路	R05005	门控灯开关信号不变化
85	节气门位置信号电路	R05005	不输入节气门位置信号
91	车速传感器电路	R05006	不输入车速高于 20 km/h 的信号
92	高度控制开关电路	R05006	高度控制开关信号不变化
93	LRC 开关电路	R05006	LRC 开关信号不变化

表 2-10 输入信号检查故障代码（ucF20 车型）

故障代码	系统	闪烁模式	诊 断
81	转向传感器电路	 R05005	转向角大于 36° 的信号不输入
82	制动灯开关电路	 R05005	制动灯开关信号不改变
83	门控灯开关电路	 R05005	门控灯开关信号不改变
84	节气门位置信号电路	 R05005	节气门位置信号未输出
85	车速传感器电路	 R05005	不输入车速 20 km/h 的信号
86	高度控制开关电路	 R05005	高度控制开关信号不改变
91	右前加速度传感器电路	 R05006	使车辆保持静止，不产生垂直运动，持续 1 s
92	左前加速度传感器电路	 R05006	
93	后加速度传感器电路	 R05006	

此外，对 1992 年 8 月以前的车型，在进行输入信号检查时，悬架控制系统的减振力和弹簧刚度都固定在"硬"位置，车身高度控制则可正常进行；而对于 1992 年 8 月以后的车型，减振阻尼力、弹簧刚度和车身高度控制均可正常进行。当关闭点火开关，脱开检查连接器的端子 T_S 和 E_1，即可退出输入信号检查状态。

2. 故障警告功能

当悬架控制系统出现故障时，悬架 ECU 会及时地对故障进行检测，并通过闪烁故障警告灯来警告驾驶员。故障警告灯就是车身高度指示灯（1992 年 8 月以前是"NORM"，1992 年 8 月以后是"HI"），如图 2-85 和图 2-86 所示。但当悬架 ECU 自身出现故障时，则故障警告灯熄灭。

3. 故障代码显示功能

当悬架 ECU 检测到故障时，它会把故障以代码的形式储存在储存器里。当接通点火开关并连接检查连接器或 TDCL 上的 T_C 和 E_1 端子时，故障代码就会显示出来，如图 2-87 所示。若故障警告灯均匀地每 0.5 s 闪烁一次，则为正常代码，表示系统正常；若故障警告灯闪烁不均匀，则表示有故障，如图 2-87 的右下图表示故障代码 12 和 31。若有两个或更多的故障同时发生，数字小的故障代码先显示。故障代码的内容如表 2-11 所示。

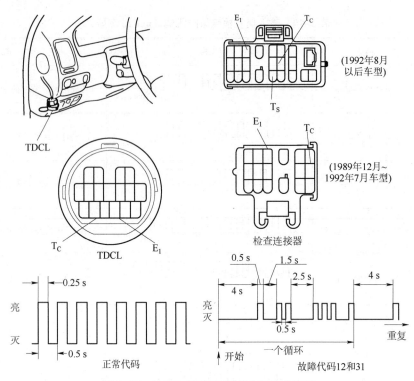

图 2-87　TDCL 和检查连接器及故障代码

表 2-11　故障代码的内容

故障代码	诊断	故障部位	警告*1	存储*2	适用车型
11	右前高度传感器电路	悬架 ECU 和高度传感器之间的配线或连接器；高度传感器；悬架 ECU	○	○	所有
12	左前高度传感器电路		○	○	
13	右后高度传感器电路		○	○	
14	左后高度传感器电路		○	○	
15	右前加速度传感器电路	悬架 ECU 和加速度传感器之间的配线或连接器；加速度传感器；悬架 ECU	—	○	ucF20
16	左前加速度传感器电路		—	○	
17	后加速度传感器电路		—	○	
21	前悬架控制执行器电路	悬架 ECU 和悬架控制执行器之间的配线或连接器；悬架控制执行器；悬架 ECU	○	○	ucF10
	右前悬架控制执行器电路		—	○	ucF20
22	后悬架控制执行器电路		○	○	ucF10
	左前悬架控制执行器电路		—	○	ucF20
23	右后悬架控制执行器电路		—	○	ucF20
24	左后悬架控制执行器电路		—	○	ucF20
31	前高度控制电磁阀电路	悬架 ECU 与高度控制电磁阀之间的配线或连接器；高度控制电磁阀；悬架 ECU	○	○	ucF10
	右前高度控制电磁阀电路		○	○	ucF20
32	左前高度控制电磁阀电路		○	○	ucF20
33	右后高度控制电磁阀电路		○	○	所有

续表

故障代码	诊断	故障部位	警告*1	存储*2	适用车型
34	左后高度控制电磁阀电路		○	○	所有
35	排气电磁阀电路	悬架 ECU 与排气电磁阀之间的配线或连接器；排气电磁阀；悬架 ECU	○	○	所有
41	1 号高度控制继电器电路	悬架 ECU 和继电器之间的配线或连接器；继电器；悬架 ECU	○	○	ucF10
	电控空气悬架继电器电路				ucF20
42	压缩机电动机电路	悬架 ECU 和压缩机电动机之间的配线或连接器；压缩机电动机；悬架 ECU	○	○	所有
51*3	至 1 号高度控制继电器的持续电流	压缩机电动机；压缩机；气管；	—	○	ucF10
	至电控空气悬架继电器的持续电流	高度控制电磁阀；排气电磁阀；高度传感器控制杆；高度传感器；减压阀；悬架 ECU		○	ucF20
52*4	至排气电磁阀的持续电流	高度控制电磁阀；排气电磁阀；气管；高度传感器控制杆；高度传感器；悬架 ECU	—	○	所有
61	悬架控制信号	悬架 ECU 失灵	—	○	ucF10（1992 年 7 月以前）
71*5	高度控制通/断开关电路	悬架 ECU 与高度控制通/断开关之间的配线或连接器；高度控制通断开关；悬架 ECU	○	—	ucF10
72	悬架控制执行器电源电路	AIR SUS 熔断丝；悬架 ECU 与发动机主继电器之间的配线或连接器；悬架 ECU	—	—	ucF10
73*6	发电机 IC 调节器电路（发电机电路）	悬架 ECU 与发电机 IC 调节器之间的配线或连接器；悬架 ECU	—	—	1992 年 8 月以后的 ucF10 和 ucF20
74	车身高度控制电源电路	悬架 ECU 与蓄电池之间的配线或连接器；PWR-IG 熔断丝；	—	—	1992 年 8 月以后的 ucF10
	电源电路	AIR SUS 熔断丝；点火继电器；发电机 IC 调节器；蓄电池；悬架 ECU	—	—	ucF20

故障代码	诊断	故障部位	警告*1	存储*2	适用车型
75	高度传感器电路	汽车停放在不平路面（正常）； 高度传感器控制杆； 高度传感器； 悬架 ECU	—	—	1992 年 8 月 以后的 ucF10 和 ucF20

注*1："警告"栏中注有标记"〇"，表示故障警告灯每秒闪烁一次；注有标记"—"，表示警告灯不闪烁。

*2："存储"栏中注有标记"〇"，表示即使断开点火开关，故障代码也储存在储存器中，标记"—"表示不储存。

*3：由于压缩空气的释放压力为 980 kPa，如车辆在爬陡坡、超载或发动机运转时用千斤顶顶起等情况下，试图进行车辆高度控制，则车辆高度控制功能可能会暂时失效，并可能输出 51 故障代码（这并非不正常）。但是，在这种情况下，将点火开关接通约 70 min 后，车辆高度控制功能即可恢复。

*4：如拆卸车轮或用千斤顶顶起车辆时，进行车辆高度控制，则有可能输出 52 故障代码（这并非不正常）。当有 52 故障代码输出时，表明未执行车辆高度控制功能。在这种情况下，只要将点火开关先断开然后再接通，或停止拆卸车轮或放下车辆，高度控制功能即可恢复。

*5：对于 1992 年 8 月以前的 ucF10 车型，当高度控制通断开关在"OFF"位置时，会输出 71 故障代码。

*6：对于 1992 年 8 月以后的 ucF10 和 ucF20 车型，发动机未运转时，输出 73 故障代码。

储存在悬架 ECU 中的故障代码，即使在关闭点火开关后也能保留下来。故障代码的消除方法随车型年份的不同而有所不同。

1. ucF10 车型（1989 年 12 月～1994 年 9 月）

下述两种方法均可清除故障代码：

（1）关闭点火开关，将位于驾驶室内 1 号接线盒上的 ECU-B 熔断丝拆下 10 s 以上，如图 2-88 所示。

（2）对于 1989 年 12 月～1992 年 7 月的 ucF10 车型，关闭点火开关，连接高度控制连接器的 8 和 9 端子，并同时连接检查连接器的 T_S 和 E_1 端子，如图 2-89 所示。再接通点火开关，10 s 后，在点火开关仍然接通的情况下脱开高度控制连接器的 8、9 端子及检查连接器的 T_S 和 E_1 端子。对 1992 年 8 月～1994 年 9 月的 ucF10 车型，除不需连接 T_S 和 E_1 端子外，其余与上述相同。

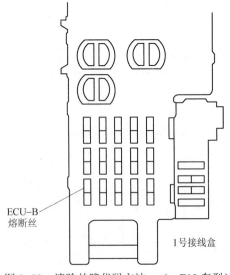

图 2-88　清除故障代码方法一（ucF10 车型）

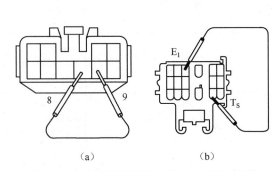

图 2-89　清除故障代码方法二（ucF10 车型）

（a）高度控制连接器；（b）检查连接器

2. ucF20 车型（1994 年 10 月～1997 年 7 月）

清除故障代码的方法有下述两种：

（1）关闭点火开关，将位于驾驶室内 1 号接线盒上的 ECU–B 熔断丝拆下 30 s 以上，如图 2–90 所示。

（2）接通点火开关，连接 TDCL 或检查连接器上的 T_C 和 E_1 端子，然后在 8 s 内开、关车门 3 次，如图 2–91 所示。

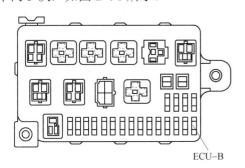

图 2–90　清除故障代码方法一（ucF20 车型）

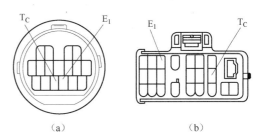

图 2–91　清除故障代码方法二（ucF20 车型）

（a）TDCL；（b）检查连接器

3. ucF20 车型（1997 年 8 月以后）

清除故障代码的方法只有一种：接通点火开关，连接检查连接器上的 T_C 和 E_1 端子，然后在 3 s 之内踩制动踏板 8 次以上。需要注意的是，这种方法同时会把 ABS、TRC 和 VSC 的故障代码一起清除掉。

第五节　电控空气悬架系统故障诊断分析

故障诊断分析以凌志 LS400 的 ucF20 车型为例进行。

一、故障诊断分析程序

1. 诊断程序

电控空气悬架系统故障诊断程序如图 2–92 所示。

2. 故障代码检测电路一览表

按照上述诊断程序，在"再检查故障代码"步骤中，如果显示故障代码，则按表 2–12 对该故障代码所代表的电路和元件进行检查。

表 2–12　故障代码检测电路一览表

故障代码	检　测　电　路
11、12、13、14	高度传感器电路
15、16、17	加速度传感器电路
21、22、23、24	悬架控制执行器电路
31、32、33、34、35	高度控制电磁阀及排气电磁阀电路
41	电控空气悬架继电器电路

故障代码	检 测 电 路
42	压缩机电动机电路
51	造成电流连续输至空气悬架继电器的故障
52	造成电流连续输至排气电磁阀的故障
73	发电机 IC 调节器电路
74	电源电路
75	高度传感器电路

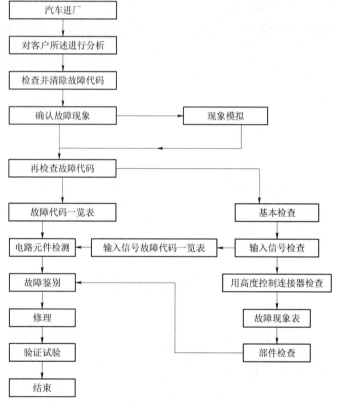

图 2-92　电控空气悬架系统故障诊断程序

3. 输入信号故障代码检测电路一览表

按照上述诊断程序，在"输入信号检查"步骤中，如果显示故障代码，则按表 2-13 对该故障代码所代表的电路和元件进行检查。

表 2-13　输入信号故障代码检测电路一览表

故障代码	检测电路	故障代码	检测电路
81	转向传感器电路	86	高度控制开关电路
82	停车灯开关电路	91	右前加速度传感器电路
83	门控灯开关电路	92	左前加速度传感器电路
84	节气门位置传感器电路	93	后加速度传感器电路
85	车速传感器电路		

4. 故障现象表

按照诊断程序检查故障代码时，若代码正常而故障仍然存在，则应按表2–14中的顺序，对每一个故障现象进行故障排除分析，并检查其相应的电路。

表2–14　故障现象表

怀疑部位	现象	高度传感器电路	加速度传感器电路	悬架控制执行器电路	高度控制电磁阀、排气电磁阀电路	空气悬架继电器电路	压缩机电动机电路	发电机IC调节器电路（交流发电机电路）	电源电路	高度控制开关电路	转向传感器电路	制动灯开关电路	门控灯开关电路	节气门位置信号电路	车速传感器电路	Tc端子电路	Ts端子电路	空气弹簧/减震器	漏气	高度传感器控制杆	悬架ECU
减振力控制开关	减振力控制根本不起作用			1												2	3	4			5
	只有防侧倾控制不起作用										1										2
	只有防车尾下坐控制不起作用													1							2
	只有防"点"头控制不起作用											1		2							3
	只有高速控制不起作用														1						2
	只有跳振控制不起作用		1																		2
车辆高度控制开关	高度控制指示灯发光位置不按照高度控制开关的工作改变	4						2	3	1											5
	车辆高度控制功能不起作用	4						1	2	3											5
	只有高速控制不起作用														1						2
	车辆高度发生不规则变化	2																		1	3
	车辆高度控制起作用，但车辆高度控制不均匀	1																	2		
	车辆高度控制起作用，但车辆高度高或低（车辆高度在NORMAL状态时，与标准值不符）																			1	

续表

现象 \ 怀疑部位	高度传感器电路	加速度传感器电路	悬架控制执行器电路	高度控制电磁阀、排气电磁阀电路	空气悬架继电器电路	压缩机电动机电路	发电机IC调节器电路(交流发电机电路)	电源电路	高度控制开关电路	转向传感器电路	制动灯开关电路	门控灯开关电路	节气门位置信号电路	车速传感器电路	T_C端子电路	T_S端子电路	空气弹簧/减震器	漏气	高度传感器控制杆	悬架ECU
车辆高度控制开关 — 调整车辆高度时，车辆高度处于极高或极低的位置	1																			
驻车时，车辆高度极低																	2	1		
压缩机电动机持续运转					2	3												1		4

备注：1. 表中数字表示在现象状态下要检查的相关电路的先后顺序。

2. 如果其他电路均正常，而故障仍存在，则最后一步就应检查或更换悬架 ECU。

二、基本检查

基本检查的内容有：车身高度调整功能检查、减压阀检查、漏气检查和车身高度调整。

1. 车身高度调整功能检查

通过操作高度控制开关来检查汽车车身高度的变化，如图 2-93 所示。步骤如下：

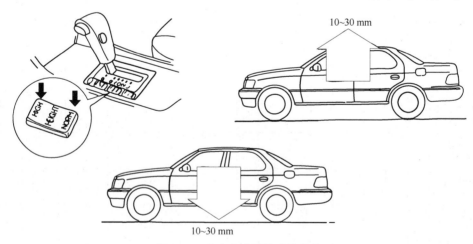

图 2-93　车身高度调整功能检查

（1）检查轮胎充气压力是否正确。

（2）检查汽车高度。

（3）起动发动机，将高度控制开关从 "NORM" 位置切换到 "HIGH" 位置。

检查完成高度调整所需的时间和汽车车身高度的变化量，标准如表 2-15 所示。

表 2-15　车身高度调整时间及高度变化量标准

从操作高度控制开关至压缩机起动	约 2 s
从压缩机起动至高度调整完毕	20~40 s
车身高度的改变量	10~30 mm

（4）在汽车处于"HIGH"高度时，起动发动机并将高度控制开关从"HIGH"位置切换至"NORM"位置。

检查完成高度调整所需的时间和汽车车身高度的变化量，标准如表 2-16 所示。

表 2-16　车身高度调整标准

从操作高度控制开关至排气电磁阀打开	约 2 s
从排气电磁阀打开至高度调整完毕	20~40 s
车身高度改变量	10~30 mm

2. 减压阀检查

迫使压缩机工作以检查减压阀的动作，方法如下：

（1）将点火开关转到 ON 位置，连接高度控制连接器的端子 3 和 6，使压缩机工作如图 2-94 所示。

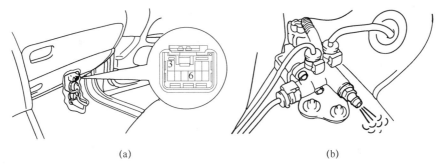

(a)　　　　　　　　　　　(b)

图 2-94　减压阀检查

注意：连接时间不能超过 15 s。

（2）压缩机工作一段时间后，检查减压阀应有空气逸出，如图 2-94 所示。

（3）将点火开关转至 OFF 位置。

（4）清除故障代码。

注意：当迫使压缩机运行时，悬架 ECU 会记录下故障代码。检查完成后，要清除故障代码。

3. 漏气检查

检查空气悬架系统的软管、硬管及其连接处是否漏气。

（1）将高度控制开关切换至"HIGH"位置，升高车身。

（2）发动机熄灭。

（3）在软、硬管连接处涂抹肥皂水检查是否有漏气，如图 2-95 所示。

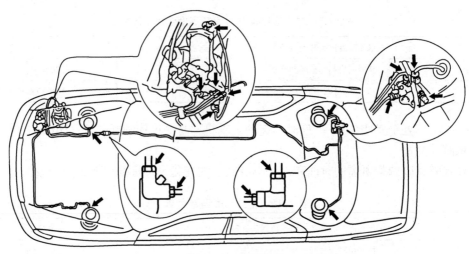

图 2-95　漏气检查

4. 车身高度调整

此项调整是使车身高度处于标准范围内。调整时，高度控制开关必须在"NORM"位置，汽车要停在平坦的路面上。

（1）检查车身高度。

（2）测量高度传感器控制杆的长度，如图 2-96 所示。

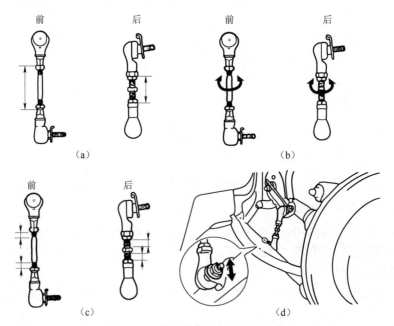

图 2-96　高度传感器控制杆的长度

标准值为：（前）59.3 mm；（后）35.0 mm。

若测量值不符，则按下述（3）进行调整。

（3）调整车身高度。

① 拧松高度传感器控制杆上的 2 个锁紧螺母。

② 转动高度传感器控制杆螺栓以调节长度，如图 2-96（b）所示。螺栓每转一圈，车身高度的改变约为 5 mm。

③ 检查如图 2-96（c）所示的长度，应小于：（前）10 mm；（后）14 mm。

④ 暂时拧紧 2 个锁紧螺母。

⑤ 再次检查车身高度。

⑥ 拧紧锁紧螺母。注意：在拧紧锁紧螺母时应确保球节与托架平行。

（4）检查车轮定位。

三、ECU 端子的标准值

凌志 LS400 ucF20 车型的电控空气悬架系统元件布置如图 2-5 所示，系统的电路图如图 2-68 所示。悬架 ECU 的端子如图 2-97 所示，悬架 ECU 端子的标准值如表 2-17 所示。

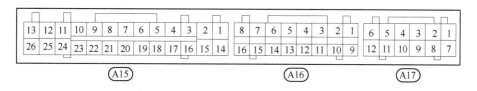

图 2-97　悬架 ECU 的端子

表 2-17　悬架 ECU 端子的标准值

符号（端子号码）	条　件		标准值/V
STP（A17-1）— 车身接地点	点火开关 ON	制动踏板松开	0～1.2
		制动踏板踩下	9～14
REG（A17-3）— 车身接地点	点火开关 ON		0～1.2
	发动机怠速运转		9～14
HSW（A17-5）— 车身接地点	点火开关 ON	高度控制开关位于 "NORM"	约为 5
		高度控制开关位于 "HIGH"	0～1.2
T_D（A17-6）— 车身接地点	点火开关 ON	连接 TDCL 的端子 T_D 和 E_1	0～1.2
		断开 TDCL 的端子 T_D 和 E_1	9～14
VH（A17-7）— 车身接地点	点火开关 ON	高度控制开关位于 "NORM"	0～1.2
		高度控制开关位于 "HIGH"	9～14
SS_2（A17-8）— 车身接地点	点火开关 ON，慢慢转动转向盘		反复 0↔约 5
SS_1（A17-9）— 车身接地点	点火开关 ON，慢慢转动转向盘		反复 0↔约 5
DOOR（A17-10）— 车身接地点	点火开关 ON	各车门打开	0～1.2
		全部车门关闭	9～14

符号（端子号码）	条件		标准值/V
T_C（A17-11）—车身接地点	点火开关 ON	连接 TDCL 的端子 T_C 和 E_1	0～1.2
		断开 TDCL 的端子 T_C 和 E_1	9～14
T_S（A17-11）—车身接地点	点火开关 ON	连接检查连接器的端子 T_S 和 E_1	0～1.2
		断开检查连接器的端子 T_S 和 E_1	9～14
L_1（A16-1）—车身接地点	点火开关 ON，在 1 s 内，将加速踏板从完全松开至完全踩下		踩下↔松开 0↔约 5↔0
SHRL（A16-2）—车身接地点	发动机怠速运转，将高度控制开关从"NORM"转至"HIGH"，或相反转动		NORM↔HIGH 约 2.5↔2.7
SHRR（A16-3）—车身接地点	发动机怠速运转，将高度控制开关从"NORM"转至"HIGH"，或相反转动		NORM↔HIGH 约 2.5↔2.7
SGFL（A16-9）—车身接地点	点火开关 ON，使车辆保持静止，不产生垂直运动，持续 1 s		约 2.5
SHFL（A16-10）—车身接地点	发动机怠速运转，将高度控制开关从"NORM"转至"HIGH"，或相反转动		NORM↔HIGH 约 2.5↔2.7
SHFR（A16-11）—车身接地点	发动机怠速运转，将高度控制开关从"NORM"转至"HIGH"，或相反转动		NORM↔HIGH 约 2.5↔2.7
SGL（A16-12）—车身接地点	任何情况		导通
SGRR（A15-6）—车身接地点	点火开关 ON（接通），使车辆保持静止，不产生垂直运动，持续 1 s		约 2.5
SBR（A15-7）—车身接地点	点火开关 ON		约 5
RM^+（A15-8）—车身接地点	发动机怠速运转，高度控制开关从"NORM"转至"HIGH"		9～14
RC（A15-9）—车身接地点	发动机怠速运转，高度控制开关从"NORM"转至"HIGH"		9～14
SLFR（A15-10）—车身接地点	发动机怠速运转，高度控制开关从"NORM"转至"HIGH"		9～14
SLRR（A15-11）—车身接地点	发动机怠速运转，高度控制开关从"NORM"转至"HIGH"		9～14
BAT（A15-12）—车身接地点	任何情况		9～14
B^+（A15-13）—车身接地点	点火开关接通		9～14
SGFR（A15-19）—车身接地点	点火开关接通，使车辆保持静止，不产生垂直运动，持续 1 s		约 2.5

续表

符号（端子号码）	条　　件	标准值/V
RM⁻（A15–21）— 车身接地点	发动机怠速运转，高度控制开关从"NORM"转至"HIGH"	0～1
SLEX（A15–22）— 车身接地点	发动机怠速运转，高度控制开关从"NORM"转至"HIGH"	9～14
SLFL（A15–23）— 车身接地点	发动机怠速运转，高度控制开关从"NORM"转至"HIGH"	9～14
SLRL（A15–24）— 车身接地点	发动机怠速运转，高度控制开关从"NORM"转至"HIGH"	9～14
GND（A15–26）— 车身接地点	任何情况	导通

四、电路检测

电路及元件的检测以故障代码的序号为先后顺序，无故障代码的电路放在最后。

1. 高度传感器电路（图 2–98）

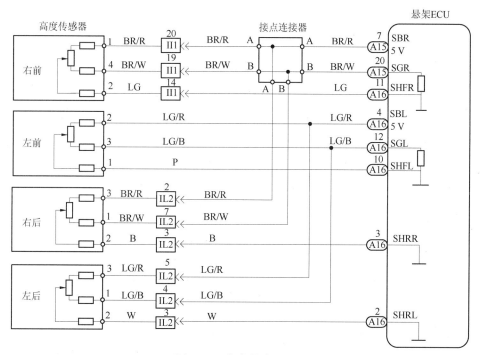

图 2-98　高度传感器电路

1）电路简述

各传感器内部有一只与传感器转子轴结合在一起的电刷，该电刷在电阻器上方移动，产生线性输出。电刷和电阻器端子之间的电阻值，与转子轴的转动角成正比例变化。因此，传感器将悬架 ECU 施加在电阻器上的固定电压加以调整，然后再作为表示转子轴转动角的电压输至悬架 ECU。

悬架 ECU 一旦将 11、12、13 或 14 故障代码（见表 2-18）存入储存器，则只有正常信号由高度传感器输送至悬架 ECU 之后，车辆高度控制和减振阻尼力控制才能执行。但是，如将点火开关先断开再接通，也可恢复控制。

表 2-18　高度传感器故障代码表

故障代码*1	诊　　　断	故障部位
11 12 13 14	高度传感器电路开路或短路	1. 悬架 ECU 与高度传感器之间的配线或连接器； 2. 高度传感器； 3. 悬架 ECU

*1：11 故障代码代表右前高度传感器电路；

　　12 故障代码代表左前高度传感器电路；

　　13 故障代码代表右后高度传感器电路；

　　14 故障代码代表左后高度传感器电路。

2）检测程序

提示：（1）显示 11 故障代码时，检查右前高度传感器电路；

　　　（2）显示 12 故障代码时，检查左前高度传感器电路；

　　　（3）显示 13 故障代码时，检查右后高度传感器电路；

　　　（4）显示 14 故障代码时，检查左后高度传感器电路。

1	检查悬架 ECU 连接器端子 SBR、SBL 与车身接地之间的电压	
	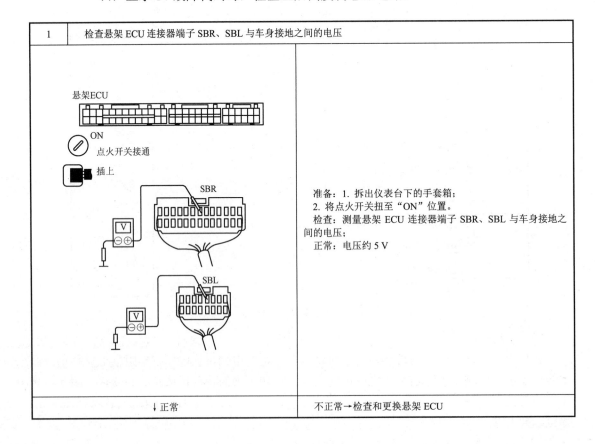	准备：1. 拆出仪表台下的手套箱； 2. 将点火开关扭至"ON"位置。 检查：测量悬架 ECU 连接器端子 SBR、SBL 与车身接地之间的电压； 正常：电压约 5 V
	↓正常	不正常→检查和更换悬架 ECU

2	检查高度传感器

前高度传感器

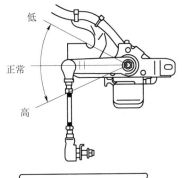

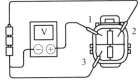

后高度传感器

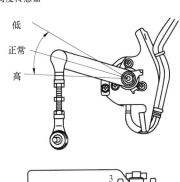

准备：为了检查前高度传感器需要：
1. 拆卸前轮；
2. 拆出前翼子板衬里；
3. 脱开高度传感器连接器；
4. 拆下高度传感器。
为了检查后高度传感器需要：
1. 拆卸后轮；
2. 脱开高度传感器连接器；
3. 拆出高度传感器。
检查：为了检查前高度传感器需要：
1. 将 3 只 1.5 V 的干电池串联起来；
2. 将端子 2 与干电池正极连接，端子 3 与干电池负极连接，在端子 2 与 3 之间施加约 4.5 V 的电压；
3. 使控制杆缓慢地上、下移动，同时检查端子 1、3 之间的电压。
为了检查后高度传感器需要：
1. 将 3 只 1.5 V 的干电池串联起来；
2. 将端子 3 与干电池正极连接，端子 1 与干电池负极连接，在端子 3、1 之间施加约 4.5 V 的电压；
3. 使控制杆缓慢地上、下移动，同时检查端子 3、1 之间的电压。
正常：

位　　　置	电压/V
高	2.3～4.1
正常	2.3
低	0.5～2.3

↓ 正常	不正常→更换高度传感器

3	检查悬架 ECU 与高度传感器之间的配线和连接器	
	↓ 正常	不正常→修理或更换配线或连接器

4	按故障现象表（表 2-14）所示，进行下一项电路检测

2. 加速度传感器电路

1）电路简述

加速度传感器可以检测出车辆垂直加速度。传感器的中心由一个压电陶瓷盘加以支撑。当车辆加速时，陶瓷盘挠曲，压电陶瓷材料产生电荷。电流将这一电荷换成与加速度成正比的电压，输至悬架 ECU。

每个前高度传感器中都装有一个加速度传感器，另一个加速度传感器装在右后，左后的减速则由 3 个传感器的数据推导出来。

一旦悬架 ECU 将 15、16 或 17 故障代码（见表 2–19）存入储存器，则只有在正常信号由加速度传感器输至悬架 ECU 之后，才能执行减振阻尼力控制。

表 2–19 加速度传感器故障代码

故障代码[1]	诊 断	故障部位
15 16 17	加速度传感器开路或短路	1. 悬架 ECU 与加速度传感器之间的配线和连接器； 2. 加速度传感器； 3. 悬架 ECU

[1]：15 故障代码代表右前加速度传感器电路；

　　　16 故障代码代表左前加速度传感器电路；

　　　17 故障代码代表右后加速度传感器电路。

加速度传感器电路如图 2–99 所示。

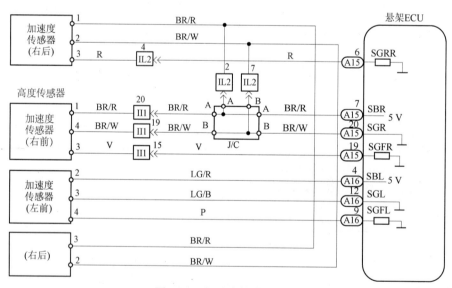

图 2-99　加速度传感器电路

2）检测程序

提示：（1）显示 15 故障代码时，检查右前加速度传感器电路；

　　　（2）显示 16 故障代码时，检查左前加速度传感器电路；

　　　（3）显示 17 故障代码时，检查右后加速度传感器电路。

1	检查悬架 ECU 连接器端子 SBR 和 SBL 与车身接地之间的电压

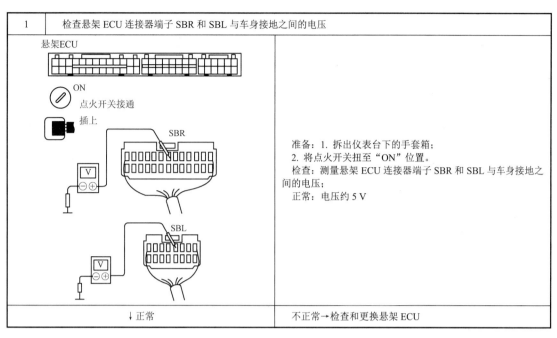

准备：1. 拆出仪表台下的手套箱；
　　　2. 将点火开关扭至"ON"位置。
检查：测量悬架 ECU 连接器端子 SBR 和 SBL 与车身接地之间的电压；
正常：电压约 5 V

↓正常	不正常→检查和更换悬架 ECU

2	检查加速度传感器

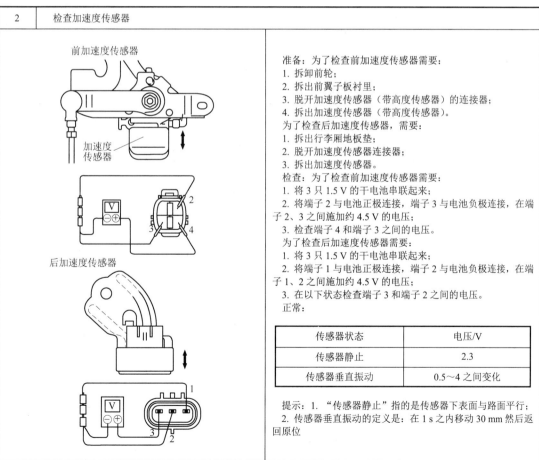

准备：为了检查前加速度传感器需要：
1. 拆卸前轮；
2. 拆出前翼子板衬里；
3. 脱开加速度传感器（带高度传感器）的连接器；
4. 拆出加速度传感器（带高度传感器）。
为了检查后加速度传感器，需要：
1. 拆出行李厢地板垫；
2. 脱开加速度传感器连接器；
3. 拆出加速度传感器。
检查：为了检查前加速度传感器需要：
1. 将 3 只 1.5 V 的干电池串联起来；
2. 将端子 2 与电池正极连接，端子 3 与电池负极连接，在端子 2、3 之间施加约 4.5 V 的电压；
3. 检查端子 4 和端子 3 之间的电压。
为了检查后加速度传感器需要：
1. 将 3 只 1.5 V 的干电池串联起来；
2. 将端子 1 与电池正极连接，端子 2 与电池负极连接，在端子 1、2 之间施加约 4.5 V 的电压；
3. 在以下状态检查端子 3 和端子 2 之间的电压。
正常：

传感器状态	电压/V
传感器静止	2.3
传感器垂直振动	0.5～4 之间变化

提示：1. "传感器静止"指的是传感器下表面与路面平行；
　　　2. 传感器垂直振动的定义是：在 1 s 之内移动 30 mm 然后返回原位

↓正常	不正常→更换加速度传感器

3	检查悬架 ECU 与加速度传感器之间的配线和连接器	
	↓ 正常	不正常→修理或更换配线或连接器

4	按故障现象表（表 2-14）所示，进行下一项电路检测

3. 悬架控制执行器电路（图 2-100）

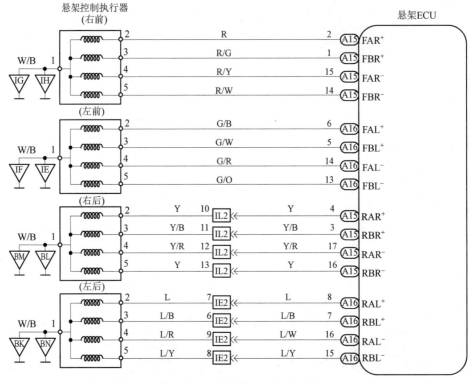

图 2-100　悬架控制执行器电路

1）电路简述

悬架 ECU 向悬架控制执行器发出信号，驱动减震器的转阀，从而改变减震器减振阻尼力。每个气缸中均装有一个悬架控制执行器。

执行器由步进电动机驱动，使其可准确地按照频繁变化的行驶情况运作。

一旦悬架 ECU 将 21、22、23 或 24 故障代码（表 2-20）存入储存器，则只有在来自悬架控制执行器的正常信号输至悬架 ECU 之后，才能执行减振力控制。将点火开关先断开再接通，也可恢复减振力控制。

表 2-20 悬架控制执行器故障代码表

故障代码[1]	诊　　断	故障部位
21 22 23 24	悬架控制执行器电路开路或短路	1. 悬架 ECU 和悬架控制执行器之间的配线和连接器； 2. 悬架控制执行器； 3. 悬架 ECU

[1]：21 故障代码代表右前悬架控制执行器电路；
　　22 故障代码代表左前悬架控制执行器电路；
　　23 故障代码代表右后悬架控制执行器电路；
　　24 故障代码代表左后悬架控制执行器电路。

2）检测程序

提示 1：（1）显示 21 故障代码时，检查右前悬架控制执行器电路；
　　　　（2）显示 22 故障代码时，检查左前悬架控制执行器电路；
　　　　（3）显示 23 故障代码时，检查右后悬架控制执行器电路；
　　　　（4）显示 24 故障代码时，检查左后悬架控制执行器电路。

提示 2：显示 21、22、23 或 24 故障代码时，则进行步骤 2 的检测。

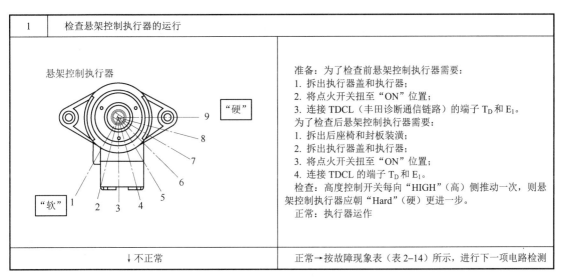

1	检查悬架控制执行器的运行

准备：为了检查前悬架控制执行器需要：
1. 拆出执行器盖和执行器；
2. 将点火开关扭至"ON"位置；
3. 连接 TDCL（丰田诊断通信链路）的端子 T_D 和 E_1。
为了检查后悬架控制执行器需要：
1. 拆出后座椅和封板装潢；
2. 拆出执行器盖和执行器；
3. 将点火开关扭至"ON"位置；
4. 连接 TDCL 的端子 T_D 和 E_1。
检查：高度控制开关每向"HIGH"（高）侧推动一次，则悬架控制执行器应朝"Hard"（硬）更进一步。
正常：执行器运作

↓不正常　　　　正常→按故障现象表（表 2-14）所示，进行下一项电路检测

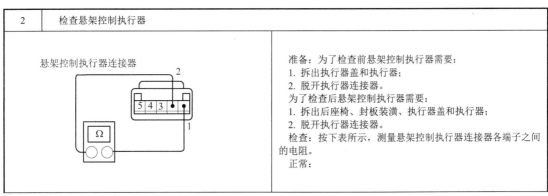

2	检查悬架控制执行器

准备：为了检查前悬架控制执行器需要：
1. 拆出执行器盖和执行器；
2. 脱开执行器连接器。
为了检查后悬架控制执行器需要：
1. 拆出后座椅、封板装潢、执行器盖和执行器；
2. 脱开执行器连接器。
检查：按下表所示，测量悬架控制执行器连接器各端子之间的电阻。
正常：

续表

端子	电阻/Ω
1、2	14.7～15.7
1、3	14.7～15.7
1、4	14.7～15.7
1、5	14.7～15.7

悬架控制执行器连接器

检查：1. 用螺丝刀将执行器输出轴调至"Soft"（软）位置；

2. 检查蓄电池电压依下表所示，施加在悬架控制执行器连接器的各端子时，悬架控制执行器应朝"Hard"（硬）侧更进一步。

正常：

蓄电池⊕	蓄电池⊖	位置
2 和 3	1	"软" 1→2
3 和 4	1	2→3
4 和 5	1	3→4
5 和 2	1	4→5
2 和 3	1	5→6
3 和 4	1	6→7
4 和 5	1	7→8
5 和 2	1	8→9 "硬"

↓正常	不正常→更换悬架控制执行器

3	检查悬架 ECU 和执行器之间、执行器和车身接地之间的配线和连接器	
	↓正常	不正常→修理或更换配线或连接器

4	按故障现象表（表 2-14）所示，进行下一项电路检测

4. 高度控制电磁阀、排气电磁阀电路

高度控制电磁阀和排气电磁阀及其电路如图 2-101 和图 2-102 所示。

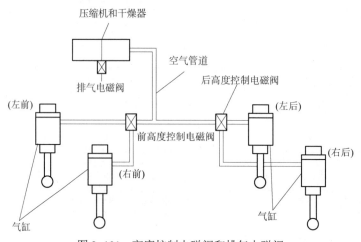

图 2-101 高度控制电磁阀和排气电磁阀

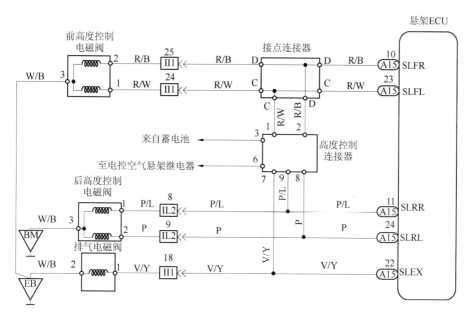

图 2-102 高度控制电磁阀和排气电磁阀的电路

1）电路简述

悬架 ECU 使高度控制电磁阀的电磁线圈通电，阀门打开，将压缩空气导入气缸，从而升高车辆高度。

降低车辆高度时，悬架 ECU 不仅使高度控制电磁阀的电磁线圈通电，还使排气电磁阀电磁线圈通电，排气电磁阀打开，将气缸内的压缩空气排入大气。

前、后高度控制电磁阀均装有两只电磁线圈，分别控制左、右气缸。排气电磁阀装在压缩机装置上，只有一只电磁线圈。

一旦悬架 ECU 将 31、32、33、34 或 35 故障代码（表 2-21）存入储存器，则只有在来自高度控制电磁阀和排气电磁阀的正常信号输至悬架 ECU 之后，才能执行车辆高度控制。将点火开关先断开再接通，也可恢复车辆高度控制。

表 2-21 高度控制电磁阀、排气电磁阀故障代码表

故障代码[1]	诊　　断	故障部位
31 32 33 34	高度控制电磁阀电路开路或短路	1. 悬架 ECU 和高度控制电磁阀之间的配线或连接器； 2. 高度控制电磁阀； 3. 悬架 ECU
35	排气电磁阀电路开路或短路	1. 悬架 ECU 和排气电磁阀之间的配线或连接器； 2. 排气电磁阀； 3. 悬架 ECU

[1]：31 故障代码代表右前高度控制电磁阀电路；

　32 故障代码代表左前高度控制电磁阀电路；

　33 故障代码代表右后高度控制电磁阀电路；

　34 故障代码代表左后高度控制电磁阀电路；

　35 故障代码代表排气电磁阀电路。

2）检测程序

提示 1：不管 31、32、33、34 或 35 故障代码是否显示，均应按以下的程序进行故障分析排除。

提示 2：（1）显示 31 故障代码时，检查右前高度控制电磁阀电路；

　　　　（2）显示 32 故障代码时，检查左前高度控制电磁阀电路；

　　　　（3）显示 33 故障代码时，检查右后高度控制电磁阀电路；

　　　　（4）显示 34 故障代码时，检查左后高度控制电磁阀电路；

　　　　（5）显示 35 故障代码时，检查排气电磁阀电路。

提示 3：如显示 74 故障代码（电源电路），则应先进行 74 故障代码所必需的检测。

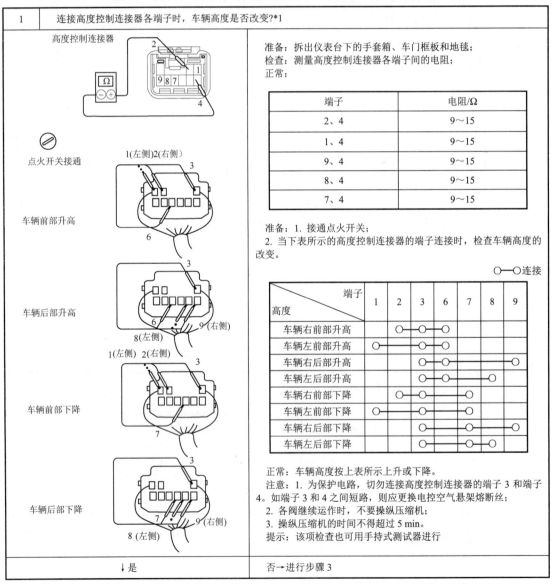

1	连接高度控制连接器各端子时，车辆高度是否改变?*1

高度控制连接器

准备：拆出仪表台下的手套箱、车门框板和地毯；
检查：测量高度控制连接器各端子间的电阻；
正常：

端子	电阻/Ω
2、4	9～15
1、4	9～15
9、4	9～15
8、4	9～15
7、4	9～15

点火开关接通

准备：1. 接通点火开关；
　　　2. 当下表所示的高度控制连接器的端子连接时，检查车辆高度的改变。

○━━○连接

车辆前部升高

车辆后部升高

车辆前部下降

车辆后部下降

高度 ＼ 端子	1	2	3	6	7	8	9
车辆右前部升高		○	○	○			
车辆左前部升高	○		○	○			
车辆右后部升高			○	○			○
车辆左后部升高			○	○		○	
车辆右前部下降		○		○	○		
车辆左前部下降	○			○	○		
车辆右后部下降				○	○		○
车辆左后部下降				○	○	○	

正常：车辆高度按上表所示上升或下降。
注意：1. 为保护电路，切勿连接高度控制连接器的端子 3 和端子 4。如端子 3 和 4 之间短路，则应更换电控空气悬架熔断丝；
　　　2. 各阀继续运作时，不要操纵压缩机；
　　　3. 操纵压缩机的时间不得超过 5 min。
提示：该项检查也可用手持式测试器进行

↓ 是	否→进行步骤 3

*1：压缩机电动机的前、后高度控制电磁阀和排气电磁阀由高度控制连接器直接起动时，悬架 ECU 便将 31、32、33、34、35 或 41 故障代码存入储存器。

此外，在步骤 1 的检查中，如果车辆高度不能上升或下降，这可能是蓄电池正极电压未施加在高度控制连接器端子 3 上。

2	检查悬架 ECU 和高度控制连接器之间的配线和连接器	
	↓ 正常	不正常→修理或更换配线或连接器

按故障现象表（表 2-14）所示进行下一项电路检测*2

*2：在第 1 和第 2 步骤的检测中如未发现任何故障，则前、后高度控制电磁阀和排气电磁阀可判断为正常。

如在进行第 1 和第 2 步骤之前，显示出 31、32、33、34 或 35 故障代码，则应检查和更换悬架 ECU。

3	检查高度控制电磁阀或排气电磁阀

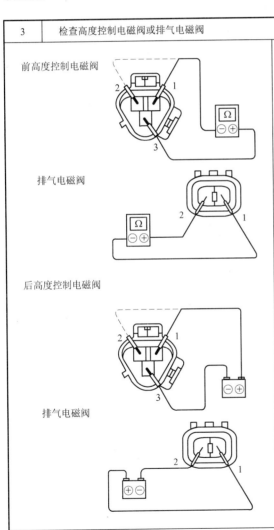

准备：用于前高度控制电磁阀和排气电磁阀：
1. 拆出右前翼子板衬里；
2. 脱开高度控制电磁阀连接器。
用于后高度控制电磁阀：
1. 拆出行李厢镶板前盖；
2. 脱开高度控制电磁阀连接器。
检查：测量各端子之间的电阻。
正常：

类别 ＼ 端子	端子	电阻/Ω
前高度控制电磁阀	1、3	9～15
	2、3	9～15
后高度控制电磁阀	1、3	9～15
	2、3	9～15
排气电磁阀	1、2	9～15

检查：按下表所示，将蓄电池正极电压施加在各端子上，同时检查各阀的运行声音。

类别 ＼ 极性	蓄电池⊕	蓄电池⊖
前高度控制电磁阀	1	3
	2	3
后高度控制电磁阀	1	3
	2	3
排气电磁阀	1	2

正常：应发出运行声（咔嗒声）

↓ 正常	不正常→更换高度控制电磁阀或排气电磁阀

4	检查和修理高度控制电磁阀或排气电磁阀与高度控制连接器之间的配线和连接器

5. 空气悬架继电器电路（图2-103）

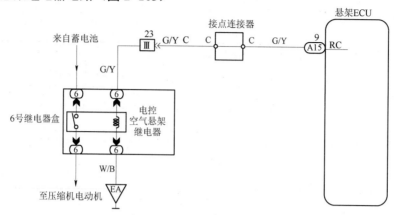

图2-103 空气悬架继电器电路

1）电路简述

当车辆高度开始上升时，来自悬架ECU端子RC的信号便会使空气悬架继电器接通。结果，电流流经空气悬架继电器的线圈，使继电器触点闭合，从而向压缩机施加蓄电池正极电压，使压缩机产生压缩空气。

一旦悬架ECU将41故障代码（表2-22）存入储存器，则只有来自空气悬架继电器的正常信号输至悬架ECU之后，才能执行车辆高度控制。

但是，将点火开关先断开再接通，也可恢复车辆高度控制。

表2-22 空气悬架继电器故障代码

故障代码	诊　断	故障部位
41	空气悬架继电器电路开路或短路	1. 悬架ECU和空气悬架继电器之间的配线或连接器； 2. 空气悬架继电器； 3. 悬架ECU

2）检测程序

1	检查悬架ECU连接器端子RC与车身接地之间的电阻

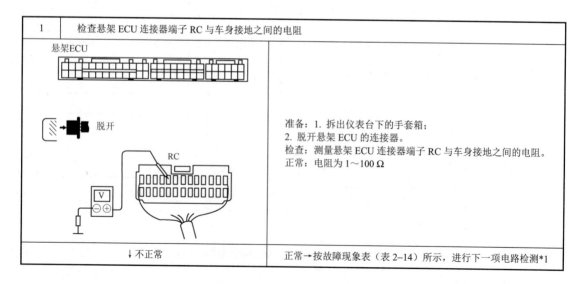

准备：1. 拆出仪表台下的手套箱；
2. 脱开悬架ECU的连接器。
检查：测量悬架ECU连接器端子RC与车身接地之间的电阻。
正常：电阻为1～100 Ω

↓不正常	正常→按故障现象表（表2-14）所示，进行下一项电路检测*1

2	检查空气悬架继电器

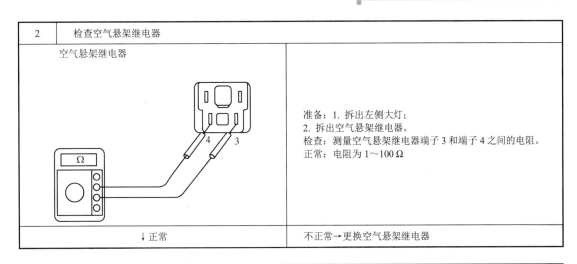

空气悬架继电器

准备：1. 拆出左侧大灯；
2. 拆出空气悬架继电器。
检查：测量空气悬架继电器端子3和端子4之间的电阻。
正常：电阻为 1～100 Ω

↓正常	不正常→更换空气悬架继电器

3	检查和修理悬架 ECU 与空气悬架继电器之间的配线和连接器

*1：如果显示 41 故障代码，则应检查和更换悬架 ECU。

6. 压缩机电动机电路（图 2-104）

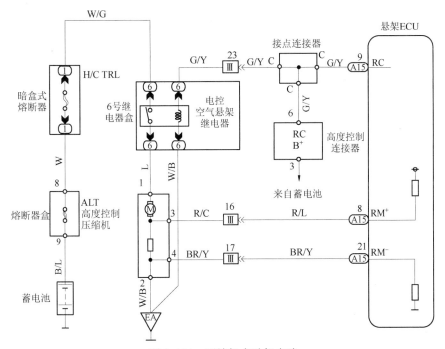

图 2-104　压缩机电动机电路

1）电路简述

当车辆高度上升时，来自悬架 ECU 端子 RC 的信号便会使空气悬架继电器接通。结果，继电器触点闭合，压缩机电动机开始转动，从而产生压缩空气。

与此同时，悬架 ECU 根据其端子 RM⁺ 和 RM⁻ 的电位差检测出流至压缩机电动机的电流量。悬架 ECU 通过这种方式监测压缩机电路有无不正常现象。

悬架 ECU 将 42 故障代码（表 2-23）存入储存器后，便不能执行车辆高度控制。

表 2-23　压缩机电动机故障代码

故障代码	诊　　断	故障部位
42	端子 RC 接通时，端子 RM⁺和 RM⁻之间的电位差超过预定值	1. 悬架 ECU 和压缩机电动机之间的配线或连接器； 2. 压缩机电动机； 3. 悬架 ECU

在这种情况下，在点火开关接通之后约 70 min，当来自压缩机电动机的正常信号输至悬架 ECU 时，控制便恢复。

2）检测程序

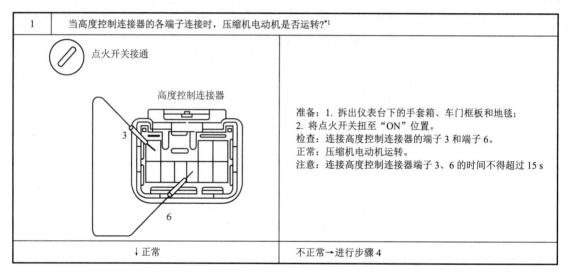

1	当高度控制连接器的各端子连接时，压缩机电动机是否运转?*¹
点火开关接通 高度控制连接器 3 6	准备：1. 拆出仪表台下的手套箱、车门框板和地毯； 2. 将点火开关扭至"ON"位置。 检查：连接高度控制连接器的端子 3 和端子 6。 正常：压缩机电动机运转。 注意：连接高度控制连接器端子 3、6 的时间不得超过 15 s
↓ 正常	不正常→进行步骤 4

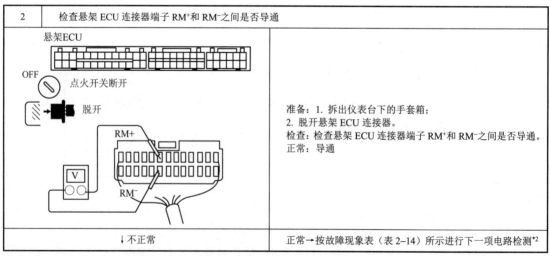

2	检查悬架 ECU 连接器端子 RM⁺和 RM⁻之间是否导通
悬架ECU OFF　点火开关断开 脱开 RM⁺ V RM⁻	准备：1. 拆出仪表台下的手套箱； 2. 脱开悬架 ECU 连接器。 检查：检查悬架 ECU 连接器端子 RM⁺和 RM⁻之间是否导通。 正常：导通
↓ 不正常	正常→按故障现象表（表 2-14）所示进行下一项电路检测*²

3	检查悬架 ECU 和压缩机之间的配线和连接器
↓ 正常	不正常→修理、更换配线或连接器

更换压缩机

*1：当压缩机电动机由高度控制连接器直接起动时，悬架 ECU 会将 41 故障代码存入储存器；

*2：如果出现 42 故障代码，则应检查和更换悬架 ECU。

4	检查空气悬架继电器

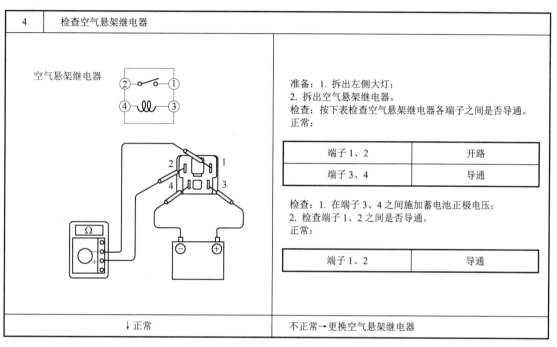

准备：1. 拆出左侧大灯；
2. 拆出空气悬架继电器。
检查：按下表检查空气悬架继电器各端子之间是否导通。
正常：

端子1、2	开路
端子3、4	导通

检查：1. 在端子 3、4 之间施加蓄电池正极电压；
2. 检查端子 1、2 之间是否导通。
正常：

端子1、2	导通

↓ 正常	不正常→更换空气悬架继电器

5	检查压缩机电动机

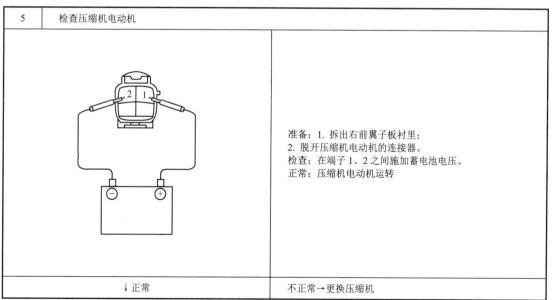

准备：1. 拆出右前翼子板衬里；
2. 脱开压缩机电动机的连接器。
检查：在端子 1、2 之间施加蓄电池电压。
正常：压缩机电动机运转

↓ 正常	不正常→更换压缩机

6	检查、修理蓄电池和继电器之间、继电器和压缩机之间及压缩机和车身接地之间的配线和连接器

7. 至空气悬架继电器的恒定电流

1）电路简述

至空气悬架继电器的恒定电流故障代码如表 2-24 所示。

表 2-24 至空气悬架继电器的恒定电流故障代码

故障代码	诊 断	故障部位
51*1	向空气悬架继电器供电，驱动压缩机电动机至少 7 min	1. 压缩机电动机； 2. 压缩机； 3. 空气管道； 4. 高度控制电磁阀； 5. 排气电磁阀； 6. 高度传感器控制杆； 7. 高度传感器； 8. 减压阀； 9. 悬架 ECU

*1：由于压缩空气的释放压力为 980 kPa，如果车辆在陡坡上、超载荷或在发动机运转时用千斤顶顶起车辆等情况下，试图进行车辆高度控制，则压缩机电动机便会连续运转，以升高车辆，并使电流流过空气悬架继电器的时间不少于 7 min。这时可能输出 51 故障代码，并使车辆高度控制暂时中断（这并非不正常）。但是，在这种情况下，将点火开关接通约 70 min 后，车辆高度控制便可恢复。

2）检测程序

1	检测压缩机电动机电路	
	↓正常	不正常→按前述压缩机电动机电路（故障代码 42）中的程序进行故障排除分析

2	检测是否漏气	
	↓正常	不正常→修理漏气部件

3	检测高度控制电磁阀是否卡在关闭位置，排气电磁阀是否卡在打开位置（检查工作时声音）	
	↓正常	不正常→修理或更换高度控制电磁阀、排气电磁阀

4	调整高度传感器控制杆是否使故障消失？	
	↓不正常	正常→调整高度传感器控制杆

5	修理或更换造成故障的部件
1. 空气管道堵塞；2. 压缩机故障；3. 减压阀故障；4. 高度传感器失灵；5. 异物进入高度控制电磁阀、排气电磁阀；6. 悬架 ECU 失灵	

8. 至排气电磁阀的恒定电流

1）电流简述

至排气电磁阀的恒定电流故障代码如表 2-25 所示。

表 2-25 至排气电磁阀的恒定电流故障代码

故障代码	诊　断	故障部位
52*1	电流输至排气电磁阀，使车辆高度下降的时间不少于 6 min	1. 高度控制电磁阀； 2. 排气电磁阀； 3. 空气管道； 4. 高度传感器控制杆； 5. 高度传感器； 6. 悬架 ECU

*1：如在拆卸车轮，或用千斤顶顶起车辆时进行车辆高度控制，则有可能输出 52 故障代码，但这并非不正常。当有 52 故障代码出现时，则表明车辆高度控制未予执行。

但是，如果将点火开关先断开再接通，将拆卸车轮或顶起车辆的操作取消，高度控制即可恢复。

2）检测程序

1	检查高度控制电磁阀是否卡在关闭位置，排气电磁阀是否卡在打开位置（检查运行声）
↓正常	不正常→修理或更换高度控制电磁阀、排气电磁阀

2	调整高度传感器控制杆是否使故障消失？
↓不正常	正常→调整高度传感器控制杆

3	修理或更换造成故障的部件
1. 空气管道堵塞；2. 异物进入高度控制电磁阀、排气电磁阀；3. 高度传感器失灵；4. 悬架 ECU 失灵

9. 发电机 IC 调节器电路

发电机 IC 调节器电路（交流发电机电路），如图 2-105 所示。

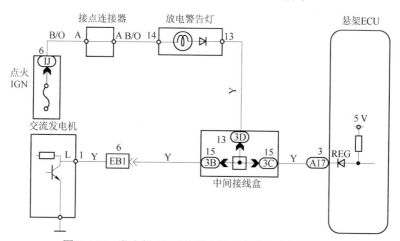

图 2-105 发电机 IC 调节器电路（交流发电机电路）

1）电路简述

当发动机熄火时，交流发电机不发电，所以悬架 ECU 端子 REG 的电压很低，并输出 73 故障代码。当发动机工作使交流发电机发电时，端子 REG 的电压升高。因而悬架 ECU 对交流发电机的发电情况进行检测，只有在发动机发电的情况下才对车辆高度进行控制。发电机 IC 调节器故障代码如表 2–26 所示。

表 2–26　发电机 IC 调节器故障代码

故障代码	诊　　断	故障部位
73	当发动机工作时，发电机 IC 调节器端子 L 电压小于 1.5 V（放电）	1. 悬架 ECU 和发电机 IC 调节器之间的配线或连接器； 2. 发电机 IC 调节器； 3. 悬架 ECU

（2）检测程序。

1	检查放电警告灯的运作	
	(放电警告灯)	检查：在发动机熄火（点火开关接通）和运转时，检查放电警告灯的运作情况。 正常：<table><tr><td>发动机状态</td><td>警告灯</td></tr><tr><td>熄火（点火开关接通）</td><td>亮</td></tr><tr><td>运转</td><td>灭</td></tr></table>
	↓正常	不正常→对放电警告灯进行检测

2	检查悬架 ECU 与交流发电机之间的配线和连接器	
	↓正常	不正常→修理或更换配线或连接器

3	检查和更换悬架 ECU

10. 电源电路（图 2–106）

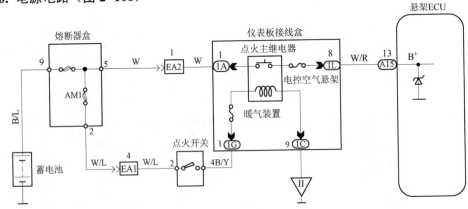

图 2–106　电源电路

1）电路简述

当点火开关扭至"ON"（通）位置时，点火继电器起动，蓄电池正电压施加至悬架 ECU 端子 B⁺。当点火开关扭至"OFF"（断）位置时，点火继电器断电，切断电源。

电源电路可向悬架控制执行器、高度控制电磁阀、断电器、指示灯以及各集成电路和传感器等供电。电源故障代码如表 2-27 所示。

表 2-27　电源故障代码

故障代码	诊　　断	故障部位
74	悬架 ECU 端子 B$^+$电压低于 9.5～10.5 V	1. 悬架 ECU 与蓄电池之间的配线和连接器； 2. 暖气装置熔断丝； 3. 空气悬架（AIR SUS）熔断丝； 4. 点火继电器； 5. 发电机 IC 调节器（交流发电机）； 6. 蓄电池； 7. 悬架 ECU

2）检测程序

1	检查蓄电池正电压	
	↓ 正常	不正常→给蓄电池充电或更换蓄电池

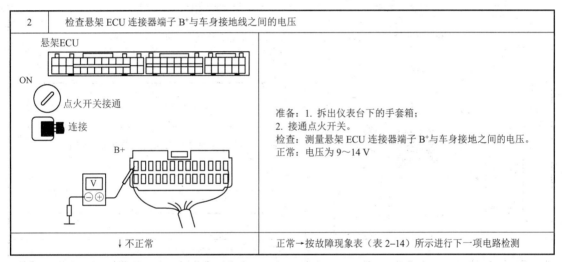

2	检查悬架 ECU 连接器端子 B$^+$与车身接地线之间的电压	
悬架ECU ON 点火开关接通 连接 B+		准备：1. 拆出仪表台下的手套箱； 2. 接通点火开关。 检查：测量悬架 ECU 连接器端子 B$^+$与车身接地之间的电压。 正常：电压为 9～14 V
	↓ 不正常	正常→按故障现象表（表 2-14）所示进行下一项电路检测

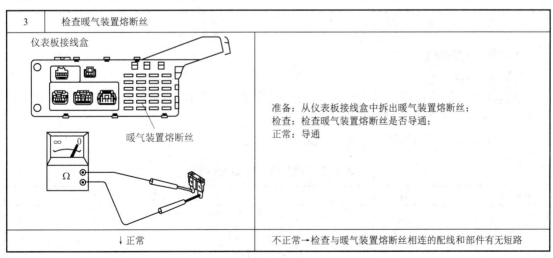

3	检查暖气装置熔断丝	
仪表板接线盒 暖气装置熔断丝		准备：从仪表板接线盒中拆出暖气装置熔断丝； 检查：检查暖气装置熔断丝是否导通； 正常：导通
	↓ 正常	不正常→检查与暖气装置熔断丝相连的配线和部件有无短路

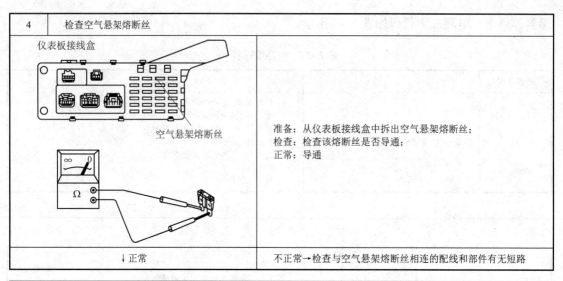

4	检查空气悬架熔断丝	
仪表板接线盒	准备：从仪表板接线盒中拆出空气悬架熔断丝； 检查：检查该熔断丝是否导通； 正常：导通	
↓ 正常	不正常→检查与空气悬架熔断丝相连的配线和部件有无短路	

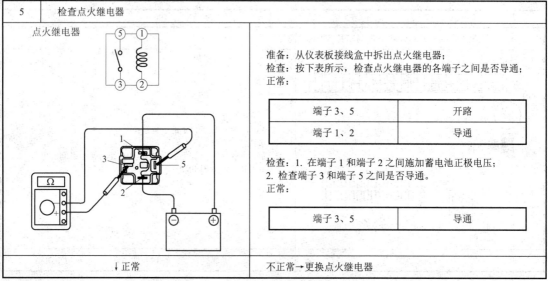

5	检查点火继电器
点火继电器	准备：从仪表板接线盒中拆出点火继电器； 检查：按下表所示，检查点火继电器的各端子之间是否导通； 正常：

端子 3、5	开路
端子 1、2	导通

检查：1. 在端子 1 和端子 2 之间施加蓄电池正极电压；
2. 检查端子 3 和端子 5 之间是否导通。
正常：

端子 3、5	导通

↓ 正常	不正常→更换点火继电器

6	检查、修理悬架 ECU 和继电器之间、继电器和蓄电池之间的配线和连接器

11. 高度控制电路

1）电路简述

悬架 ECU 将 75 故障代码（表 2-28）存入储存器后，要待来自高度传感器的正常信号输至悬架 ECU，才能执行车辆高度控制。

将点火开关先关断后接通，也可恢复车辆高度控制。

表 2-28　高度传感器故障代码

故障代码	诊　断	故障部位
75	检测出不平坦地面	1. 将车停在不平坦的地面（正常）； 2. 高度传感器控制杆； 3. 高度传感器； 4. 悬架 ECU

2）检测程序

1	车辆是否停在不平坦的地面?	
	↓否	是→移走车辆

2	调整高度传感器控制杆，故障是否消失?	
	↓否	是→调整高度传感器控制杆

3	检查和修理或更换造成故障的部件	
高度传感器失灵；悬架 ECU 失灵		

12. 转向传感器电路（图 2-107）

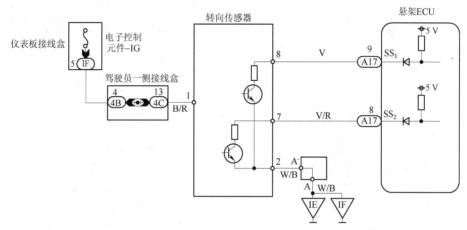

图 2-107 转向传感器电路

1）电路简述

转向传感器装在转向信号开关总成上，用于检测转弯方向和转向角。转向传感器故障代码如表 2-29 所示。

表 2-29 转向传感器故障代码

故障代码	诊　　断	故障部位
81	转向角大于 36°，信号不输入	1. 悬架 ECU、转向传感器和接地之间的配线或连接器； 2. 转向传感器； 3. 悬架 ECU

传感器由一个与方向盘一起转动的有缝信号盘和一对遮光器组成。每个遮光器中都对应地装有一个发光二极管（LED）和一个光敏晶体三极管。遮光器将这两个元件之间光线照射的变化转换为通/断信号。信号盘在这对遮光器的发光二极管和光敏晶体管之间旋转。当操作方向盘时，信号盘也随之旋转，使这两个元件之间的光线隔断或通过。由于这对遮光器具有不同的相位，根据每次输出的变化，悬架 ECU 便能检测出转弯方向和转向角。

当转向传感器判定方向盘的最大转向角过大，而车速又高于预定值时，悬架 ECU 便会使减振力增大。

2）检测程序

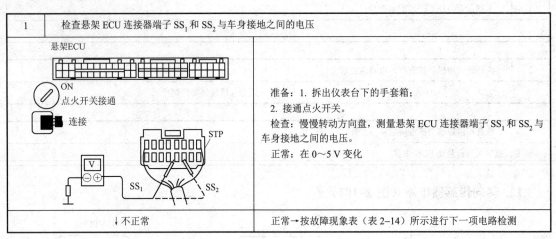

1	检查悬架 ECU 连接器端子 SS₁ 和 SS₂ 与车身接地之间的电压

悬架ECU

ON
点火开关接通

连接

STP

SS₁   SS₂

准备：1. 拆出仪表台下的手套箱；
2. 接通点火开关。
检查：慢慢转动方向盘，测量悬架 ECU 连接器端子 SS₁ 和 SS₂ 与车身接地之间的电压。
正常：在 0～5 V 变化

↓ 不正常　　　　正常→按故障现象表（表 2-14）所示进行下一项电路检测

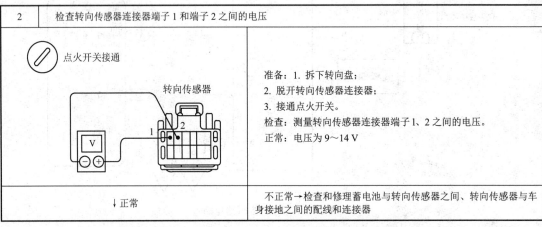

2	检查转向传感器连接器端子 1 和端子 2 之间的电压

点火开关接通

转向传感器

1   2

准备：1. 拆下转向盘；
2. 脱开转向传感器连接器；
3. 接通点火开关。
检查：测量转向传感器连接器端子 1、2 之间的电压。
正常：电压为 9～14 V

↓ 正常　　　　不正常→检查和修理蓄电池与转向传感器之间、转向传感器与车身接地之间的配线和连接器

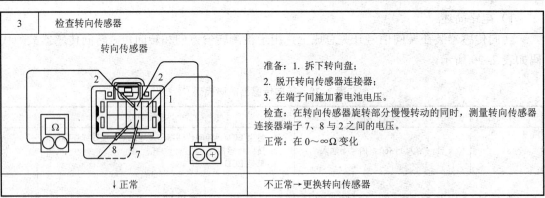

3	检查转向传感器

转向传感器

2   2

1

Ω

8   7

准备：1. 拆下转向盘；
2. 脱开转向传感器连接器；
3. 在端子间施加蓄电池电压。
检查：在转向传感器旋转部分慢慢转动的同时，测量转向传感器连接器端子 7、8 与 2 之间的电压。
正常：在 0～∞Ω 变化

↓ 正常　　　　不正常→更换转向传感器

4	检查悬架 ECU 和转向传感器之间的配线和连接器
↓ 正常	不正常→修理或更换配线或连接器

5	检查和更换悬架 ECU

13. 制动灯开关电路（图 2-108）

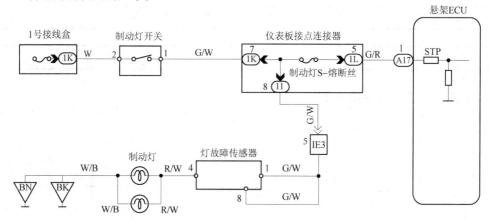

图 2-108 制动灯开关电路

1）电路简述

踩下制动踏板时，制动灯开关接通，蓄电池正极电压施加在悬架 ECU 的端子 STP 上。悬架 ECU 还将该信号作为防"点"头控制的起动条件之一。制动灯开关故障代码如表 2-30 所示。

表 2-30 制动灯开关故障代码

故障代码	诊 断	故障部位
82	制动灯开关信号不改变	1. 悬架 ECU、制动灯开关与车身接地之间的配线或连接器； 2. 制动灯开关； 3. 悬架 ECU

2）检测程序

1	检查制动灯的工作	
检查：制动灯应在制动踏板踩下时发亮，在制动踏板松开时熄灭		
↓正常		不正常→检查制动灯电路

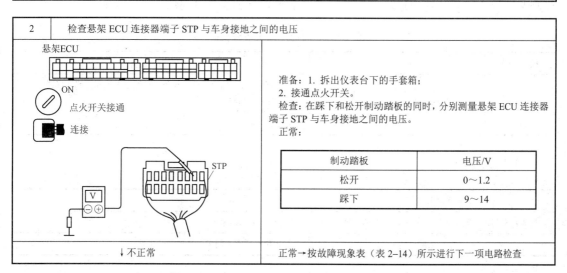

2	检查悬架 ECU 连接器端子 STP 与车身接地之间的电压

准备：1. 拆出仪表台下的手套箱；
2. 接通点火开关。
检查：在踩下和松开制动踏板的同时，分别测量悬架 ECU 连接器端子 STP 与车身接地之间的电压。
正常：

制动踏板	电压/V
松开	0～1.2
踩下	9～14

↓不正常	正常→按故障现象表（表 2-14）所示进行下一项电路检查

3	检查悬架 ECU 与制动灯开关之间的配线和连接器	
	↓正常	不正常→修理或更换配线或连接器

检查和更换悬架 ECU

14. 门控灯开关电路（图 2-109）

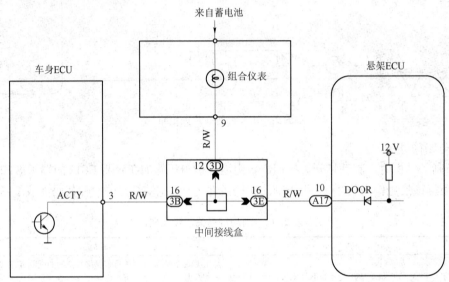

图 2-109　门控灯开关电路

1）电路简述

门控灯开关在车门打开时接通，车门关闭时断开。因此，当关闭所有车门时，蓄电池正极电压施加在悬架 ECU 的"DOOR"（车门）端子上；即使只有一个车门打开时，施加在"DOOR"上的电压变为 0 V。悬架 ECU 根据该信号判断车门是否打开，因为在车辆停止后，悬架系统会自动使车身降到较低的高度，而若此时 ECU 检测到车门打开（下客或卸货）时，车高自动控制必须停止，以免造成危险。门控灯开关故障代码如表 2-31 所示。

表 2-31　门控灯开关故障代码

故障代码	诊　　断	故障部位
83	门控灯开关信号不改变	1. 悬架 ECU、门控灯开关与车身接地之间的配线或连接器； 2. 门控灯开关； 3. 车身 ECU； 4. 悬架 ECU

2）检测程序

1	检查车门未关紧警告灯	
检查：车门未关紧警告灯应在每一扇车门打开时发亮，在所有车门关闭时熄灭		
	↓正常	不正常→检查车门未关紧警告灯电路

2	检查悬架 ECU 连接器端子 DOOR（车门）与车身接地之间的电压

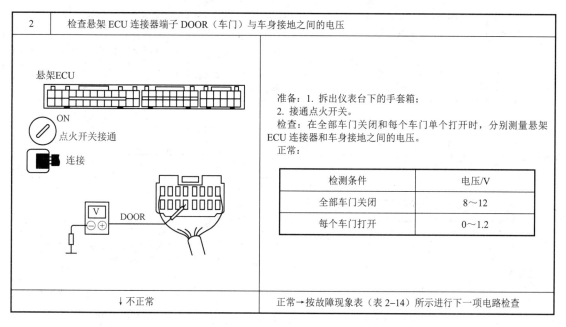

准备：1. 拆出仪表台下的手套箱；

2. 接通点火开关。

检查：在全部车门关闭和每个车门单个打开时，分别测量悬架 ECU 连接器和车身接地之间的电压。

正常：

检测条件	电压/V
全部车门关闭	8～12
每个车门打开	0～1.2

↓ 不正常	正常→按故障现象表（表2–14）所示进行下一项电路检查

3	检查悬架 ECU 与车身 ECU 之间的配线和连接器
↓ 正常	不正常→修理或更换配线或连接器

4	检查和更换悬架 ECU

15. 节气门位置信号电路（图 2–110）

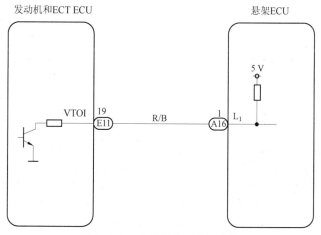

图 2–110　节气门位置信号电路

1）电路简述

悬架 ECU 与发动机、ECT 的 ECU 之间有信息联系。当发动机和 ECT 的 ECU 检测出节气门开启度和开启速度时，将信号传送至悬架 ECU。悬架 ECU 将该信号用作防车尾下坐控制的动作条件之一。节气门位置信号故障代码如表 2–32 所示。

表 2-32　节气门位置信号故障代码

故障代码	诊　断	故障部位
84	节气门位置信号不输入	1. 悬架 ECU、发动机和 ECT 的 ECU 与车身接地之间的配线和连接器； 2. 发动机和 ECT 的 ECU； 3. 悬架 ECU

2）检测程序

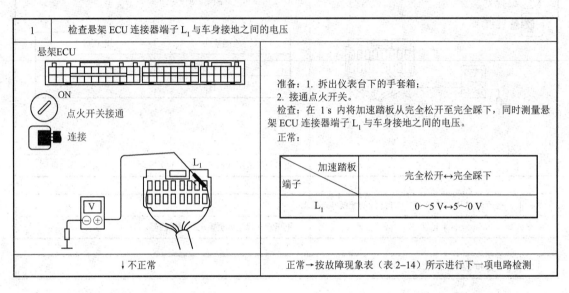

1	检查悬架 ECU 连接器端子 L_1 与车身接地之间的电压

准备：1. 拆出仪表台下的手套箱；

2. 接通点火开关。

检查：在 1 s 内将加速踏板从完全松开至完全踏下，同时测量悬架 ECU 连接器端子 L_1 与车身接地之间的电压。

正常：

加速踏板 端子	完全松开↔完全踏下
L_1	0～5 V↔5～0 V

↓不正常	正常→按故障现象表（表 2-14）所示进行下一项电路检测

2	检查节气门位置传感器电路
↓不正常	正常→进行步骤 4

3	检查悬架 ECU 与发动机、ECT 的 ECU 之间的配线和连接器
↓正常	不正常→修理或更换配线或连接器

检查和更换悬架 ECU

4	装上已知是良好的悬架 ECU 后，故障是否消失？
↓否	是→检查和更换悬架 ECU

5	检查或更换发动机或 ECT ECU

16. 车速传感器电路（图 2-111）

1）电路简述

车速传感器用于检测变速器输出轴的转速，并将信号输至发动机和 ECT 的 ECU。该信号在组合仪表内转换，然后以每转 4 个脉冲信号的形式传输至悬架 ECU。

悬架 ECU 根据这一脉冲频率计算出车速。车速传感器故障代码如表 2-33 所示。

表 2-33　车速传感器故障代码

故障代码	诊　　断	故障部位
85	车速大于 20 km/h，信号不输入	1. 悬架 ECU 和车速传感器之间的配线和连接器； 2. 车速传感器； 3. 发动机和 ECT ECU； 4. 组合仪表总成； 5. 悬架 ECU

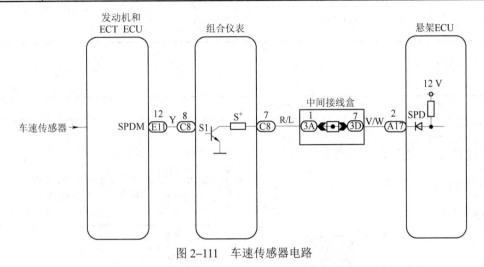

图 2-111　车速传感器电路

2）检测程序

1	检查车速表电路	
	↓ 正常	不正常→修理或更换配线，或连接器，或组合仪表总成

2	检查和更换悬架 ECU

17. 高度控制开关电路（图 2-112）

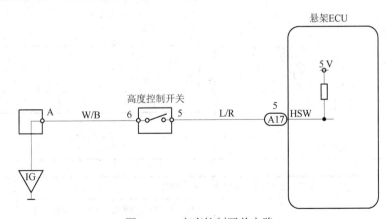

图 2-112　高度控制开关电路

1）电路简述

高度控制开关按至"HIGH"侧时接通，按至"NORM"侧时断开，悬架 ECU 检测高度控制开关的状态，然后相应地升高或降低车辆高度。高度控制开关故障代码如表 2-34 所示。

表 2-34　高度控制开关故障代码

故障代码	诊　　断	故障部位
86	高度控制开关信号不改变	1. 悬架 ECU 与开关之间、开关与车身接地之间的配线和连接器； 2. 高度控制开关； 3. 悬架 ECU

2）检测程序

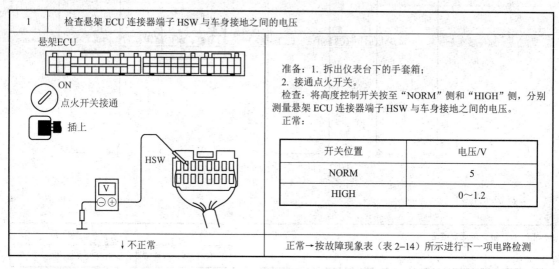

1	检查悬架 ECU 连接器端子 HSW 与车身接地之间的电压	
	悬架ECU ON 点火开关接通 插上 HSW V	准备：1. 拆出仪表台下的手套箱； 2. 接通点火开关。 检查：将高度控制开关按至"NORM"侧和"HIGH"侧，分别测量悬架 ECU 连接器端子 HSW 与车身接地之间的电压。 正常： 开关位置 / 电压/V NORM / 5 HIGH / 0～1.2
↓不正常		正常→按故障现象表（表 2-14）所示进行下一项电路检测

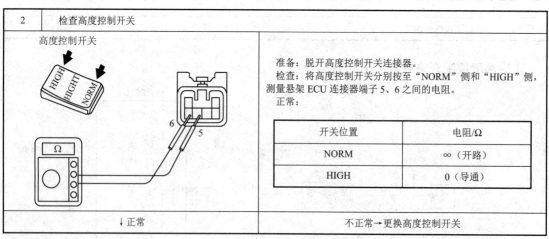

2	检查高度控制开关	
	高度控制开关 HIGH HIGHT NORM 6　5 Ω	准备：脱开高度控制开关连接器。 检查：将高度控制开关分别按至"NORM"侧和"HIGH"侧，测量悬架 ECU 连接器端子 5、6 之间的电阻。 正常： 开关位置 / 电阻/Ω NORM / ∞（开路） HIGH / 0（导通）
↓正常		不正常→更换高度控制开关

3	检查悬架 ECU 与开关、开关与车身接地之间的配线和连接器
↓正常	不正常→修理或更换配线或连接器

4	检查和更换悬架 ECU

18. 加速度传感器电路（续）

1）电路简述

加速度传感器电路如图 2-99 所示。加速度传感器故障代码如表 2-35 所示。

表 2-35　加速度传感器故障代码

故障代码[1]	诊　　　断	故障部位
91		1. 悬架 ECU 和加速度传感器之间的配线或连接器；
92	加速度传感器持续检测出垂直加速	2. 加速度传感器；
93		3. 悬架 ECU

*1：91 故障代码代表右前加速度传感器电路；92 故障代码代表左前加速度传感器电路；93 故障代码代表右后加速度传感器电路。

2）检测程序

提示：（1）显示 91 故障代码时，检查右前加速度传感器电路；

　　　（2）显示 92 故障代码时，检查左前加速度传感器电路；

　　　（3）显示 93 故障代码时，检查右后加速度传感器电路。

检测程序见本节四·2。

19. T_C 端子电路（图 2-113）

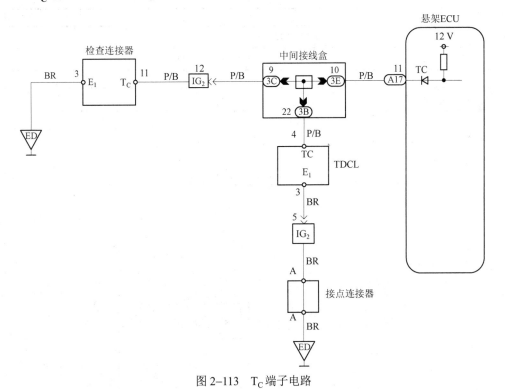

图 2-113　T_C 端子电路

1）电路简述

连接检查连接器或 TDCL（丰田诊断通信链路）的端子 T_C 和 E_1，高度控制指示灯便可显示出存储在悬架 ECU 储存器中的故障代码。

2）检测程序

1	检查 TDCL（丰田诊断通信链路）或检查连接器端子 T_C 与 E_1 之间的电压	
	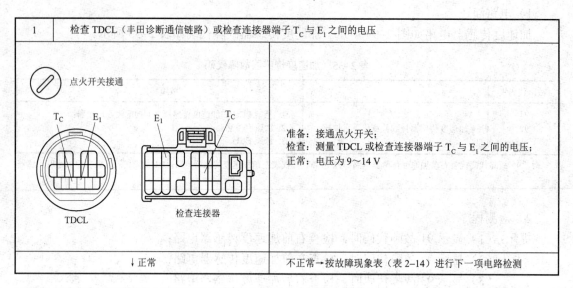	准备：接通点火开关； 检查：测量 TDCL 或检查连接器端子 T_C 与 E_1 之间的电压； 正常：电压为 9～14 V
	↓ 正常	不正常→按故障现象表（表 2-14）进行下一项电路检测

2	检查 TDCL 或检查连接器的端子 E_1 与车身接地之间的配线和连接器是否开路	
	↓ 正常	不正常→修理或更换配线或连接器

3	检查悬架 ECU 与检查连接器、悬架 ECU 与 TDCL 之间的配线和连接器	
	↓ 正常	不正常→修理或更换配线或连接器

4	检查和更换悬架 ECU	

20. T_s 端子电路（图 2-114）

1）电路检测

连接检查连接器的端子 T_s 和 E_1，可进行输入信号检查。

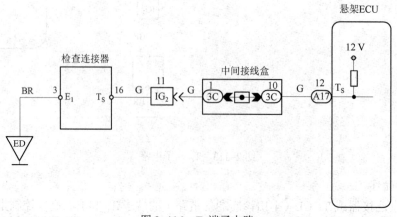

图 2-114 T_s 端子电路

2）检测程序

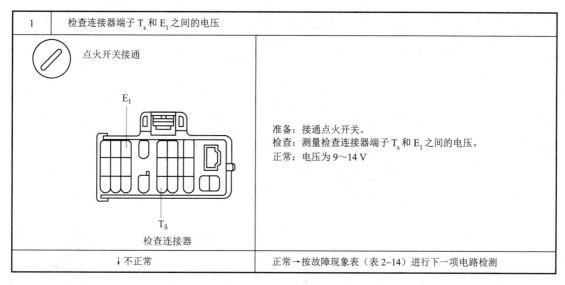

1	检查连接器端子 T_s 和 E_1 之间的电压	
点火开关接通 E_1 T_S 检查连接器		准备：接通点火开关。 检查：测量检查连接器端子 T_s 和 E_1 之间的电压。 正常：电压为 9～14 V
↓ 不正常		正常→按故障现象表（表 2–14）进行下一项电路检测

2	检查连接器端子 E_1 与车身接地之间的配线和连接器是否开路	
↓ 正常		不正常→修理或更换配线或连接器

3	检查悬架 ECU 与检查连接器之间的配线和连接器	
↓ 正常		不正常→修理或更换配线或连接器

检查或更换悬架 ECU

21. T_D 端子电路（图 2–115）

1）电路检测

连接 TDCL（丰田诊断通信链路）的端子 T_D 与 E_1。

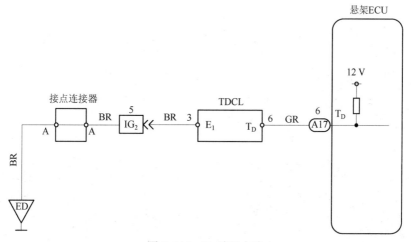

图 2–115 T_D 端子电路

2）检测程序

1	检查 TDCL（丰田诊断通信链路）的端子 T_D 和 E_1 间的电压	
	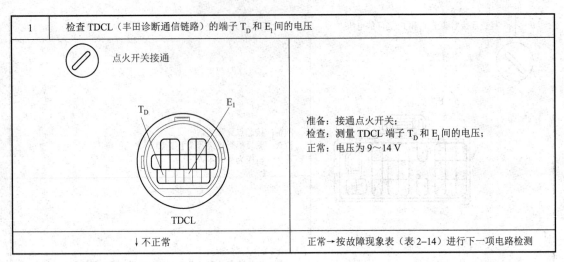 点火开关接通	准备：接通点火开关； 检查：测量 TDCL 端子 T_D 和 E_1 间的电压； 正常：电压为 9～14 V
	↓ 不正常	正常→按故障现象表（表 2-14）进行下一项电路检测

2	检查 TDCL 端子 E_1 与车身接地之间的配线和连接器是否开路	
	↓ 正常	不正常→修理或更换配线或连接器

3	检查悬架 ECU 与 TDCL 之间的配线和连接器	
	↓ 正常	不正常→修理或更换配线或连接器

4	检查或更换悬架 ECU	

第三章　巡航控制系统

第一节　巡航控制系统概述

一、巡航控制系统简介

巡航控制系统（CCS）就是可以使汽车自动调节节气门开度，使车辆保持以驾驶员设定的速度行驶，从而使驾驶员不必将脚长时间地踩在加速踏板上，减轻驾驶员的驾驶疲劳强度，从而提高行驶舒适性的一种汽车自动行驶装置。

当长时间地在高速公路上或车辆稀少和路况较好的道路上行驶时，使用 CCS 驾驶员可以将右脚从加速踏板上挪开，车辆会以设定的速度匀速行驶（不论是上坡或下坡），这就使驾驶员可以得到放松，增加驾车的乐趣。

现在，巡航控制系统作为选装件，安装在大部分丰田轿车和一些营运车辆上。巡航控制系统由 CCS ECU（巡航控制系统的电子控制单元）控制。所用执行器有真空驱动型和电动机驱动型两种，如图 3-1 所示。早期的 CCS 主要采用真空驱动型执行器，但目前已较多采用电动机驱动型，以便更精确地控制车速。

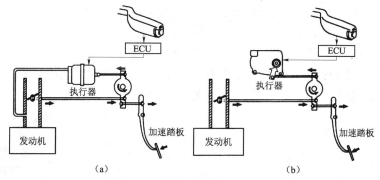

图 3-1　巡航控制系统的执行器
（a）真空驱动型；（b）电动机驱动型

二、巡航控制系统的使用方法

CCS（巡航控制系统）的工作由主开关、控制开关、加速踏板和制动踏板控制。控制开关的设计因车辆型号而异，下面介绍用于 Cressida 的 CCS 控制开关。至于其他车型上的主开关和控制开关，可能在设计和位置上有所不同，但其工作方式与 Cressida 上的基本相同。不过不论哪种情况，控制开关都有 5 个工作模式：设定、滑行、恢复（RES）、加速（ACCEL或 ACC）和取消。

1. 将 CCS 设定在所需的车速

（1）如图 3-2 所示，按下主开关（位于巡航控制操纵杆末端）后松开，电源指示灯会亮。

（2）如图 3-3 所示，踩下加速踏板以获得所需的车速（可在 40~200 km/h）。

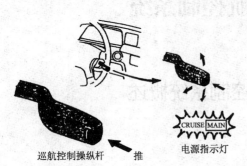

图 3-2　打开主开关

图 3-3　踩下加速踏板提高车速

图 3-4　操纵操纵杆寄存车速

（3）如图 3-4 所示，向下推巡航控制操纵杆后松开，这样就接通 SET/COAST 控制开关，松开操纵杆瞬间的车速就会寄存在存储器中，使 CCS 设定在这一车速。

2. 在 CCS 控制下加速

（1）重新设定至较高的车速。重设较高车速有两个方法，一个是用控制开关，另一个是用加速踏板。

① 用控制开关在 CCS 控制下加速，如图 3-5 所示。

a. 拉起控制开关，接通 RES/ACC（恢复/加速），直至达到所需的车速。

b. 当达到所需的车速时，松开控制开关。

仅适用于 LEXUS（凌志）LS400 当实际车速与设定车速相差小于 5 km/h 时，每次迅速（在 0.6 s 之内）向上拉控制开关至"RES/ACC"装置，设定车速可增加 1.6 km/h。

② 用加速踏板在 CCS 控制下加速，如图 3-6 所示。

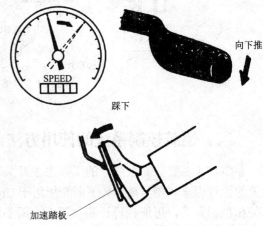

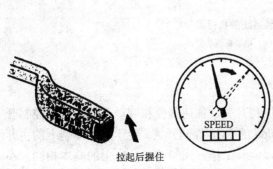

图 3-5　用控制开关在 CCS 控制下加速

图 3-6　用加速踏板在 CCS 控制下加速

a. 踩下加速踏板，以获得所需的车速。

b. 向下推控制开关至 SET/COAST（设定/滑行）位置，然后在达到所需的车速时松开。

（2）重新设定至较低的车速，如图 3-7 所示。重设较低车速有两个方法：一个是用控制开关，另一个是用制动踏板。

① 用控制开关在 CCS 控制下减速，如图 3-7 所示。

a. 将控制开关向下推，接通 SET/COAST，直至达到所需的车速。

b. 当达到所需的车速时，松开控制开关。

仅适用于 LEXUS（凌志）LS400 当实际车速与设定车速相差小于 5 km/h 时，每次迅速（在 0.6 s 之内）推下控制开关至"SET/COAST"位置，设定车速可降低 1.6 km/h。

② 用制动踏板在 CCS 控制下减速，如图 3-8 所示。

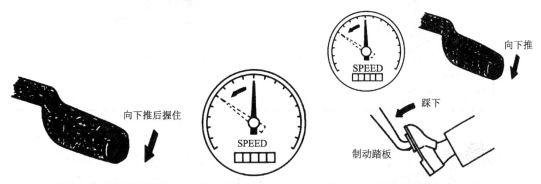

图 3-7　用控制开关在 CCS 控制下减速　　　　图 3-8　用制动踏板在 CCS 控制下减速

a. 踩下制动踏板，以获得所需的车速。

b. 将控制开关推下至 SET/COAST 位置，当达到所需的车速时松开。

3. 取消巡航控制功能

若有表 3-1 中所列的任何一种情况发生，巡航控制就会自动取消（方法 2～8 也会取消预设车速）。取消方法 1～5 称为手动取消，手动取消由驾驶员操作。第 7 和 8 两种情况，取消由巡航控制 ECU 根据巡航情况自动执行。

表 3-1　取消巡航控制功能的方法

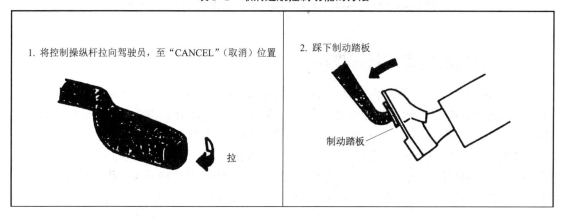

续表

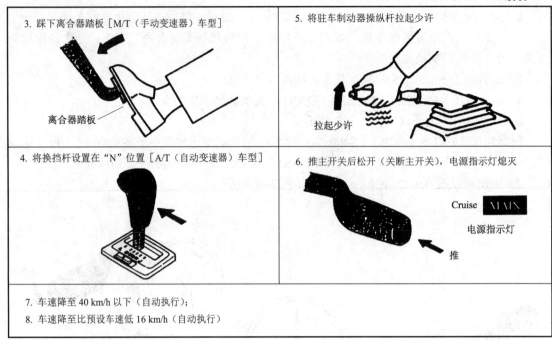

3. 踩下离合器踏板［M/T（手动变速器）车型］ 离合器踏板	5. 将驻车制动器操纵杆拉起少许 拉起少许
4. 将换挡杆设置在 "N" 位置［A/T（自动变速器）车型］	6. 推主开关后松开（关断主开关），电源指示灯熄灭 Cruise MAIN 电源指示灯 推
7. 车速降至 40 km/h 以下（自动执行）； 8. 车速降至比预设车速低 16 km/h（自动执行）	

拉起

图 3-9　接通 RESUME/ACCEL 开关、恢复预设车速

4. 恢复预设车速

如果预设车速用表 3-1 中的方法（1、2、3、4 或 5）暂时取消，只要车速没有降至 40 km/h 以下，接通 RESUME/ACCEL（恢复/加速）开关（图 3-9），就会恢复预设巡航车速。但要注意，表 3-1 中的方法 6 和第 7 或第 8 种情况，会将预设车速持久取消。如果驾驶员希望恢复 CCS 的工作，就必须将主开关倒转拧入，重复上述的设置操作，重新将所想要的车速设置在存储器内。

第二节　巡航控制系统构造和运行

一、CCS 的组成与各部件功能

如图 3-10 所示，CCS 由传感器、开关、执行器和巡航控制 ECU 等组成。传感器和开关将信号传送至巡航控制 ECU。根据这些信号，巡航控制 ECU 计算出节气门的适当开度，再根据这些计算将驱动信号传送至执行器，执行器则据此调节节气门开度。

巡航控制 ECU 主要作用是接收来自车速传感器和开关的信号，据以控制 CCS 的所有功能。执行器主要作用是根据来自巡航控制 ECU 的信号，增减节气门开度，执行器可以分为真空驱动型和电动机驱动型两种。车速传感器的主要作用是产生脉冲信号，巡航控制 ECU 利用这些脉冲的频率检测车速。控制开关（SET/COAST、RES/ACC、CANCEL）的主要作用是用于设置巡航车速或将其重新设置为另一车速，以及取消巡航控制。维修用途：这个开关也用于取出来自巡航控制 ECU 的诊断输入信号。

主开关的主要作用是起动 CCS。维修用途：这个开关用于从巡航控制 ECU 中读取诊断输入信号。CCS 指示灯的主要作用是当 CCS 主开关位于 ON 时，指示灯点亮，表示电流正供应至 CCS。当 CCS 出现故障，电源指示灯闪烁以示警告。维修用途：从指示灯的闪烁可得知故障代码或输入信号。

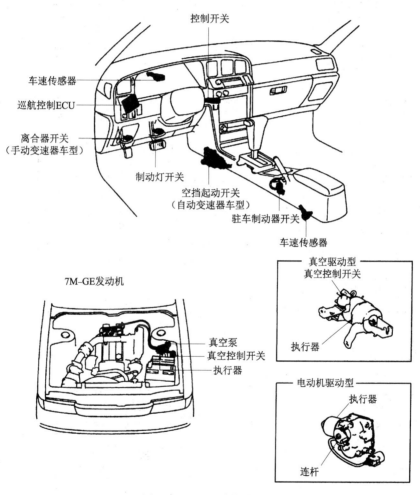

图 3-10 CCS 系统的构成

二、执行器的工作原理

（1）真空驱动型执行器的方框图和电路图如图 3-11 所示。

（2）电动机驱动型执行器的方框图和电路图如图 3-12 所示。

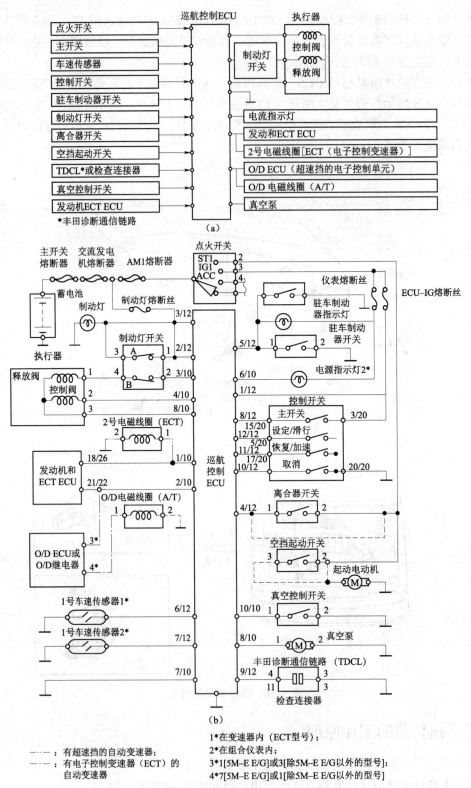

图 3-11 真空驱动型执行器的方框图和电路图

（a）方框图；（b）电路图

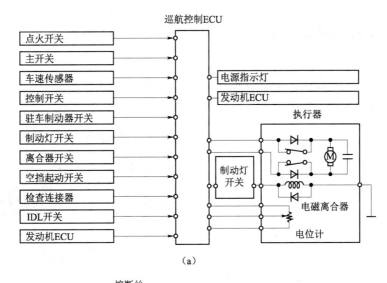

（a）

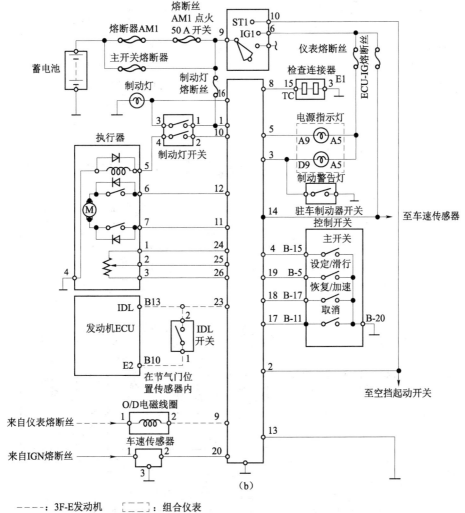

（b）

————：3F-E发动机　〔▢▢〕：组合仪表

图3-12　电动机驱动型执行器的方框图和电路图

（a）方框图；（b）电路图

三、CCS 部件的工作过程

1. 主开关

如图 3-13（a）所示，主开关是巡航控制系统的主电源开关，它是一个按键开关，每次将其推入（MAIN◄），该系统的电源就会接通或关断。

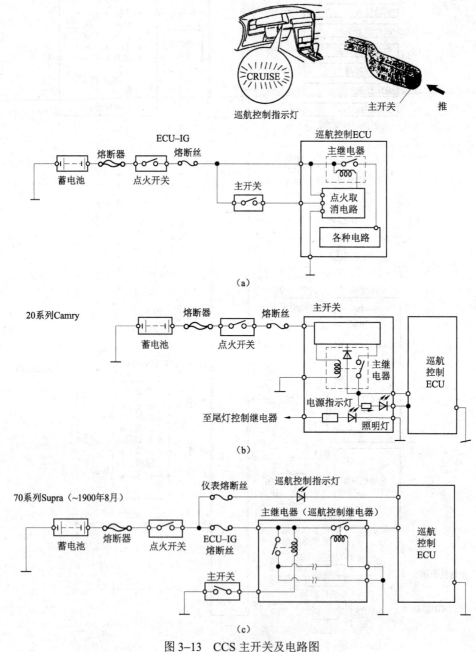

图 3-13　CCS 主开关及电路图

（a）主继电器安装在 ECU 内；（b）主继电器安装在主开关内；（c）主继电器单独安装

主开关接通时，如果将点火开关关断，主开关也关断。即使点火开关再次接通，主开关仍保持关断。

参考：

在图 3-13（a）的电路中，主继电器是安装在 ECU 内的。另外，也有些电路，其主继电器是安装在主开关内［图 3-13（b）］，或者是单独安装的，如图 3-13（c）所示。

2. 控制开关

如图 3-14（a）所示，控制开关在一茎状操纵杆上。当车辆以巡航控制模式行驶时，这个操纵杆可控制 5 个不同的功能（设定、滑行、恢复、加速和取消）。SET（设定）和 COAST（滑行）模式共用一个开关，RESUME（恢复）和 ACCEL（加速）模式共用另一个开关。仅当沿箭头 A、B 或 C 方向操作开关时，这个开关才接通；而松开时则关断，这是一个自动回位型开关。

图 3-14 所示为 CCS 的控制开关及电路图。

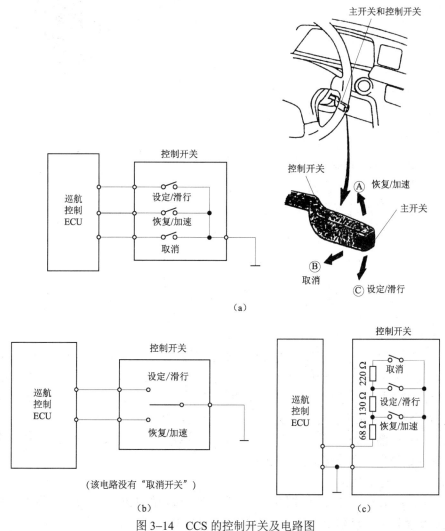

图 3-14　CCS 的控制开关及电路图

（a）80 系列 Cressida；（b）20 系列 Camry；（c）凌志 LS400

3. 车速传感器

车速传感器的功能是使巡航控制 ECU 得知当时的车速。车速传感器的主要类型有片簧开关型、光电耦合器型（发光二极管和光电晶体管组合而成）和 MRE（磁阻元件）型。这个传感器安装在速度里程表内或变速器内。如图 3-15 所示，当车速增加时，里程表软轴转动也加快，使片簧开关（或晶体管）通断频率升高，从而提高车速信号的频率；当车速下降时，这个开关（或晶体管）通断频率降低，从而降低车速信号的频率。

1）片簧开关型

片簧开关型车速传感器与模拟式组合仪表结合使用。车速里程表软轴转动，使磁铁也转动，车速里程表每转动一圈，就使片簧开关通、断 4 次，如图 3-16 所示。

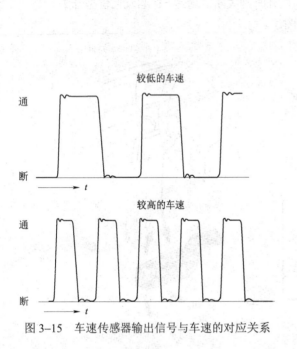

图 3-15　车速传感器输出信号与车速的对应关系

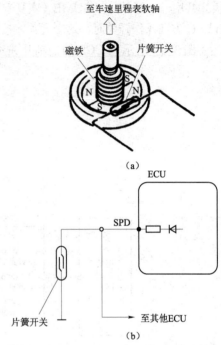

图 3-16　片簧开关型车速传感器及电路图

(a) 结构图；(b) 电路图

2）光电耦合器型

如图 3-17 所示，这种车速传感器安装于车速里程表内，与数字式组合仪表结合使用。车速里程表软轴使光栅转动，光栅转动时，暂时遮挡来自发光二极管（LED）的光线照射在光电晶体管上，使光电晶体管产生电压脉冲。里程表每转一圈，来自 LED 的光线被阻断 20 次，从而产生 20 个脉冲。在信号传送至巡航控制 ECU 前，脉冲数目减至 4 个。

转子轴每转一圈，光电耦合器和光栅产生 20 个脉冲信号，由数字表 ECU 转换为每圈另外的 4 个脉冲信号，传送至巡航控制 ECU。

3）MRE（磁阻元件）型

如图 3-18 所示，MRE 型车速传感器由带内置 MRE 的 HIC（混合集成电路）和磁环组成，安装在变速器或分动器上，由输出轴的主动齿轮驱动。

(1)运作。如图 3-19 所示，安装在磁环上的磁铁转动时，使磁力线方向改变，其结果是 MRE 的输出变为一交变波形。车速传感器内的比较器将这一交变波形转换为数字信号，晶体管将其反向后传送至组合仪表。这一波形的频率与安装在磁环上磁铁的极数相一致。有两种磁环（根据车辆型号选用）：一种是有 20 个磁极的，另一种是有 4 个磁极的。20 极型产生 20 个循环的波形（即磁环每转一圈产生 20 个脉冲），而 4 极型则产生 4 个循环波形。

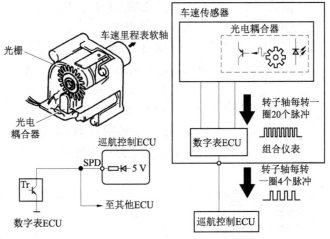

图 3-17　光电耦合器型车速传感器

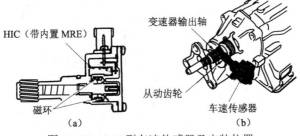

图 3-18　MRE 型车速传感器及安装位置
（a）车速传感器；（b）安装位置

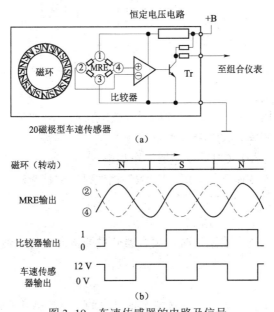

图 3-19　车速传感器的电路及信号
（a）电路；（b）信号

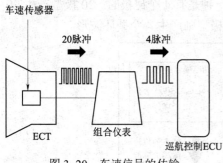

图 3-20 车速信号的传输

（2）信号传输。如图 3-20 所示，在 20 极型中，组合仪表的脉冲转换电路将数字信号的频率由磁环每转一圈产生的 20 个脉冲转换为 4 个脉冲。

4. 取消开关

如图 3-21 所示，取消开关包括控制开关、制动灯开关、驻车制动器开关、离合器开关和空挡起动开关。当这些开关中的任一个接通，巡航控制就自动取消。但只要在 CCS 取消瞬间的车速不低于 40 km/h，这个车速就寄存在巡航控制 ECU 中。因此，当接通 RESUME（恢复）开关时，最后寄存的车速就会自动恢复。

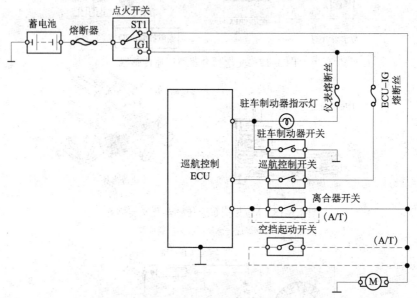

图 3-21 取消开关电路图（80 系列 Cressida）

（1）驻车制动器开关。

当拉起驻车制动器操纵杆时，驻车制动器开关就接通，将取消信号（接地电压）传送至巡航控制 ECU。同时，驻车制动器指示灯亮。

（2）空挡起动开关［A/T（自动变速器）车型］。

当换挡杆设置在自动变速器的"P"或"N"挡位时，空挡起动开关即接通，将取消信号（接地电压）传送至巡航控制 ECU。

（3）离合器开关［M/T（手动变速器）车型］。

当踩下手动变速器的离合器踏板时，离合器开关即接通，将取消信号（接地电压）传送至巡航控制 ECU。

注意：

在手动变速器车辆上，使用离合器换挡是很重要的。当车辆在 CCS 控制下行驶时，如果没有踩下离合器踏板就将变速器换至空挡，发动机可能会超速运转。

（4）制动灯开关。

如图3-22所示，制动灯开关实际上由A和B两个开关组成。当踩下制动踏板时，两个开关同时工作。

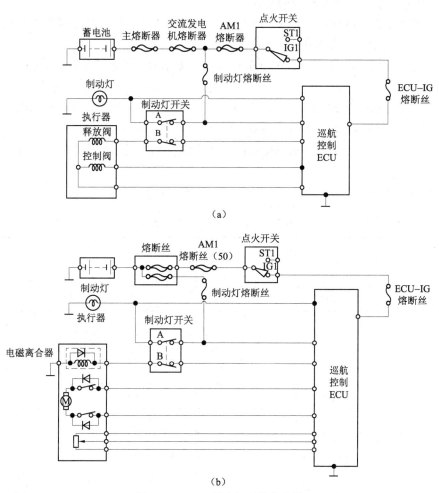

（a）

（b）

图3-22　CCS制动灯开关电路图

（a）真空驱动型执行器（80系列Cressida）；（b）电动机驱动型执行器（80系列"陆地巡洋舰"）

① 当开关A闭合时，电流流过制动灯开关，使制动灯点亮。同时，蓄电池电压经过这个开关施加在巡航控制ECU上，使其知道已经使用制动器。因此，巡航控制ECU取消CCS的工作。

② 在开关B断开时，阻止来自巡航控制ECU的信号（在真空驱动型执行器的情况是释放阀信号；在电动机驱动型执行器的情况是电磁离合器信号）达到执行器，这就关断了执行器。

四、巡航控制ECU（用于Cressida）

巡航控制ECU接收到来自车速传感器和各种开关的信号后，按照预先存储的程序进行处理。根据这些信号，巡航控制ECU将控制信号传送至真空泵、执行器、ECT ECU（电控变速器的电子控制单元）和超速挡（OD）继电器。巡航控制 ECU 还有一个特殊电路，使维修人员能利用主开关上的电源指示灯，进行巡航控制系统的诊断以及检查输入和输出信号的工作。

注意：

CCS（巡航控制系统）车速控制范围：

（1）当车速降至 40 km/h 以下时，ECU 使执行器不工作，擦除预先设定在存储器中的车速，CCS 不能将车速设定在 40 km/h 或以下。

（2）CCS 不能将车速设定在 200 km/h 或以上，也不能将控制开关转至 RES/ACC（恢复/加速）位置。

通常不可能单独检查 ECU，所以，必须安装在车辆上才能检查。准备好修理手册和电路测试器（如有示波器更好），参照修理手册，检查至 ECU 的输入信号（电压信号）和来自 ECU 的输出信号（电压信号）是否在规范值以内。还应该仔细检查每个传感器、执行器、连接器和电线束。

巡航控制 ECU 有 16 项主要功能，下面对各项功能的工作情况进行介绍，如表 3-2 所示。

表 3-2　巡航控制 ECU 的主要功能

序号	巡航控制 ECU 的功能		真空驱动型	电动机驱动型
1	匀速控制		○	○
2	车速设定		○	○
3	滑行		○	○
4	加速		○	○
5	恢复		○	○
6	车速下限控制		○	○
7	车速上限控制		○	—
8	手动取消		○	○
9	自动取消		○	○
10	A/T（自动变速器）的控制		○	○
11	执行器阀控制		○	—
12	真空泵控制		○	—
13	安全电磁离合器控制		—	○
14*	迅速降速（Tap-down）控制		—	*○
15*	迅速升速（Tap-up）控制		—	*○
16	诊断：	1. 警告显示； 2. 故障代码显示； 3. 输入信号检查功能	○	○

*仅限凌志 LS400。

1. 匀速控制功能

ECU 将实际车速与设定车速进行比较。如果车速高于设定车速，就起动执行器，将节气门适当闭合。如果车速低于设定车速，就起动执行器，将节气门适当开启。

2. 车速设定功能

当主开关接通，车辆在巡航控制车速范围（40～200 km/h）内行驶时，如果 SET/COAST 开关接通后松开，巡航控制 ECU 就会将这个车速存储在存储器内，并使车辆保持这个速度。

3. 滑行功能

当车辆以巡航控制模式行驶时，如果 SET/COAST 开关接通后不松开，执行器就会关闭节气门，使车辆减速。ECU 将开关松开时的车速存储，使车辆保持这一速度行驶。

4. 加速功能

当车辆以巡航控制模式行驶时，如果 RES/ACC 开关接通，执行器就会将节气门适当开启，使车辆加速。ECU 将开关松开时的车速存储，使车辆保持在这一速度行驶。

5. 恢复功能

只要车速没有降至速度下限（约 40 km/h）以下，用任一个取消开关手动将巡航控制模式取消后，接通 RES/ACC 开关，即可恢复设定车速。

车速一旦降至车速下限以下，设定车速就不能恢复，因为存储器中的车速设定已被清除。

6. 车速下限控制功能

车速下限是巡航控制所能设定的最低车速（约 40 km/h），巡航控制不能低于这个速度。当车辆以巡航控制模式巡航时，如果车速降至这个速度以下，巡航控制就会自动取消，设置在存储器内的车速设定被清除。

7. 车速上限控制功能

车速上限是巡航控制所能设定的最高车速（约为 200 km/h），巡航控制不能高于这个速度，操作 ACCEL（加速）开关，也不能使车速的增加超过这个速度。

注：这个控制仅在能以 200 km/h 行驶的车辆上才有。

8. 手动取消功能

当车辆以巡航控制模式行驶时，下列信号中（表 3-3）任一个传送至巡航控制 ECU，巡航控制就会取消：

（1）对于真空驱动执行器，执行器内的释放阀和控制阀同时关断，就会取消巡航控制模式（大气压进入）。

（2）对于电动机驱动执行器，关断执行器内的电磁离合器，巡航控制模式即取消。

表 3-3　手动取消信号

序号	手动取消信号
1	制动灯开关"ON"（接通）信号（制动踏板踩下）
2	驻车制动器开关"ON"信号（使用了驻车制动器）
3	离合器开关"ON"信号［仅限 M/T 变速器］离合器踏板踩下］
4	空挡起动开关"N"挡位信号（仅限 A/T 变速器，换挡杆移至"N"挡位）
5	CANCEL（取消）开关"ON"信号（控制开关拉起）

9. 自动取消功能

1）用于陆地巡洋舰（电动机驱动型执行器）

当车辆以巡航控制模式行驶时，如发生表3–4中的任何一种情况，设置在存储器内的车速就会被清除，巡航控制取消。电动机驱动型执行器电路如图3-23所示。

表3–4　自动取消信号

序号	自动取消信号
1	车速降至车速下限（约40 km/h）以下
2	车速降至设定车速以下，相差超过约16 km/h（上坡行驶时）
3	供应巡航控制系统的电力暂时中断超过5 ms
4	制动灯开关线束断路或制动灯灯泡烧毁
5	2号车速传感器信号不正常（仅限ECT）
6*	流至执行器驱动晶体管的电流过大
7*	执行器控制阀或释放阀电路断路
8*	预定时间内（约140 ms），无车速传感器信号输入巡航控制ECU
9*	当接通主开关时，RESUME（恢复）开关已经接通
10*	控制开关短路或不正常
11*	微计算机（在巡航控制ECU内）的执行器输出信号不正常
12*	来自控制开关的输入信号不正常

*如果发生这些故障，巡航控制ECU就切断执行器的电源。巡航控制系统的构造使其要在点火开关通断一次后，主开关才会重新接通。

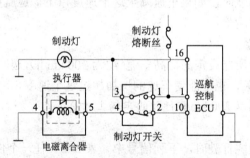

图3–23　电动机驱动型执行器电路

除上述1、2、8、9、10、11和12这些情况外，在发生表3–5中所列任何一种情况时，"陆地巡洋舰"（电动机驱动执行器）的自动取消功能也会工作。

表3–5　陆地巡洋舰自动取消信号

序号	自动取消信号
1	流至电动机或电磁离合器驱动电路的电流过大
2	电动机不断试图打开节气门
3	电磁离合器断路
4	SET（设定）开关和RESUME（恢复）开关同时接通
5	尽管电动机驱动信号输出，电动机不工作
6	电位计信号不传送至ECU

2）用于 Cressida（真空驱动执行器）

当车辆以巡航控制模式行驶时，如发生表 3-4 中任何一种情况，巡航控制取消，但设置在存储器内的车速并不清除。只要车速超过车速下限（约 40 km/h），操纵 SET（设定）或 RESUME（恢复）开关，即可恢复设定车速。Cressida 真空驱动执行器电路如图 3-24 所示。

在制动灯开关端子 3 与巡航控制 ECU 端子 3/12 之间发生断路。

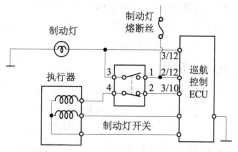

图 3-24　Cressida 真空驱动型执行器电路

10. 自动变速器的控制

（1）在车辆以超速挡上坡巡航等情况下，车速降至超速挡切断速度（比设定车速约低 4 km/h）时，ECU 即取消超速挡，增加扭矩，阻止车速进一步降低。

（2）当车速升至超速挡恢复速度（比设定车速约高 2 km/h）以上时，约 6 s 后 ECU 即恢复超速挡。

（3）当车辆以巡航控制模式行驶时，巡航控制 ECU 将信号传送至发动机和变速器的 ECU。当收到这一信号时，发动机和变速器的 ECU 即转换为正常换挡模式，并在节气门位置传感器的 IDL（怠速开关）触点接通时（如下坡行驶等），禁止变矩器锁止，这就保证了平稳的巡航控制行驶。

11. 控制阀和释放阀的控制功能（仅限于真空驱动型执行器）

当车速升至设定车速以上（超过 15 km/h 时），执行器内的释放阀电磁线圈关断（大气常压状态下的空气进入），使车辆减速。当车速减至仍在设定车速以上，但相差不足 10 km/h 时，释放阀电磁线圈接通（切断大气常压状态下的空气），巡航控制恢复工作。

12. 真空泵控制功能（仅限于真空驱动型执行器）

（1）当 CANCEL 或 COAST 任一功能工作时，真空泵就不工作。

（2）当 ACCEL 功能工作时，真空泵即工作。

（3）除上述两种情况外，如有表 3-6 中所列情况时，真空泵就会接通或关断。

表 3-6　真空泵控制功能

真空泵	情　况
接通	1. 当真空开关接通时； 2. 当实际车速为设定车速，或降至设定车速以下（相差超过 3 km/h）时
关断	1. 在上述接通条件未得到满足，已过去约 14 s 时； 2. 当实际车速升至设定车速以上（相差超过 3 km/h）时

13. 电磁离合器的控制功能（电动机驱动型执行器）

当车速增至设定车速以上（相差超过 15 km/h，如在下坡行驶）时，ECU 即将电磁离合器分离，使车辆减速。当车速降至超过设定车速（不足约 10 km/h）时，电磁离合器再次接通，恢复巡航车速。

14. 迅速降速（Tab-down）控制功能（仅限于凌志 LS400）

当实际车速与设定车速相差不足约 5 km/h 时，每次迅速（在 0.6 s 以内）操纵 SET/COAST 开关，可将设定车速降低约 1.6 km/h。

15. 迅速升速（Tap-up）控制功能

当实际车速与设定车速相差不足约 5 km/h 时，每次迅速（在 0.6 s 以内）操纵 RES/ACC 开关，可将设定车速增加约 1.6 km/h。

16. 诊断功能

（1）警告显示。如果 CCS 发生故障，即通知驾驶员。

（2）诊断代码显示。告诉维修人员故障的性质。

（3）输入信号检查功能。使维修人员能检查输入信号从传感器和开关传送入 ECU 的情况。

（4）取消信号检查功能。告诉维修人员最后哪个输入信号取消了巡航控制。

备注：诊断功能将在本章第三节以凌志 LS400 的 CCS 为例进行详细介绍。

在凌志 LS400 车辆中，还有以下取消信号检查功能。

ECU 存储最后一次取消巡航控制的取消信号，这个信号可由电源指示灯的闪烁方式显示。当巡航控制系统发生故障，巡航控制自动取消但难于模拟故障（由于连接器或触点接触不良等原因导致间歇性断路）时，检查存储器中的取消信号，可得知故障原因。

取消信号可按如下方法检查：

（1）将点火开关转至 ON（接通）位置。

（2）接通 CANCEL（取消）开关，保持在该位置，然后接通主开关。

完成上述操作后，电源指示灯就会开始闪烁，按表 3-7 所示闪烁方式进行诊断。当主开关关断，或 TDCL 的端子 T_C 与 E_1 连接，或车速升至超过 16 km/h 时，显示就会终止。

表 3-7　电源指示灯闪烁方式

序号	电源指示灯闪烁方式	诊　断
1	亮 灭 1 s　0.25 s	诊断代码为 11、12、13、21、31、32 或 34 时，表示故障存在
2	亮 灭	由于故障代码 23 所显示的故障，使巡航控制自动取消
3	亮 灭	收到 CANCEL（取消）开关信号
4	亮 灭	收到制动灯开关信号
5	亮 灭	收到空挡起动开关信号
6	亮 灭	收到驻车制动器开关信号
7	亮 灭	车速降至车速下限以下
8	亮 灭	其他故障（电源暂时断开等）

五、执行器

执行器在 CCS 中起重要的作用，它们按照来自 ECU 的指令调节节气门开度。目前使用的执行器有两种类型：一种是真空驱动型，另一种是电动机驱动型，前者利用负压操纵节气门，后者由电动机操纵节气门。

1. 真空驱动型执行器

如图 3-25 所示，真空驱动型执行器有两种方法施加负压：一种方法是仅从发动机进气歧管施加负压；另一种方法是在进气歧管负压太低时，用真空泵提高负压。

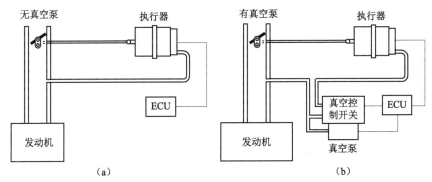

图 3-25 真空驱动型执行器
（a）从发动机进气歧管施加负压；（b）用真空泵提高负压

1）执行器的结构

真空驱动型执行器的结构如图 3-26 所示，由真空控制阀、释放阀、两个电磁线圈、膜片、回位弹簧和空气滤清器组成。

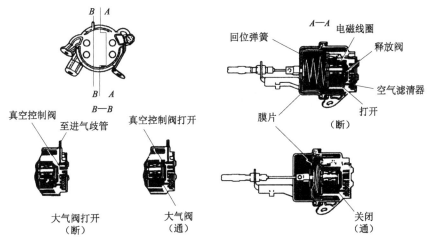

图 3-26 真空驱动型执行器的结构

2）控制阀和释放阀的工作

（1）控制阀。

① 当有电流流过时，执行器的控制阀用于将大气压状态下的空气或真空吸入执行器。如图 3-27（a）所示，当电流供应至控制阀的电磁线圈时，大气常压状态下空气的通道关闭，进气歧管真空的通道则打开，于是在执行器内产生一负压。由于吸力大于回位弹簧弹力，膜片向内移动，这就使节气门（经拉线与膜片相连）打开，从而增加发动机输出功率，也就使车速提高。

② 如图 3-27（b）所示，当无电流流过控制阀时，在大气常压状态下的空气充满执行器，回位弹簧将膜片推回。节气门因此关闭，使发动机输出功率降低，车速相应降低。

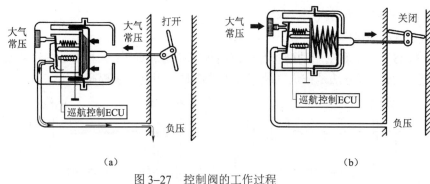

（a） （b）

图 3-27　控制阀的工作过程

（a）有电流流过；（b）无电流流过

③ 负载控制。ECU 以约 20 Hz 的频率，将一间断性电流（负载信号）输送至控制阀，改变这一电流通断的相对间隔（称为"负载率"），使执行器内的真空强度随车速而增减。

如图 3-28（a）所示，当电流流通时间较长（负载率高）时，真空控制阀也就打开较长时间，使得执行器内的负压增大，节气门打开，车速也就提高；如图 3-28（b）所示，当电流断开时间较长（负载率低）时，大气阀打开时间也就较长，使得执行器内的负压减小，节气门关闭，车速也就降低。

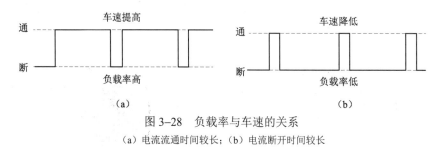

（a） （b）

图 3-28　负载率与车速的关系

（a）电流流通时间较长；（b）电流断开时间较长

（2）释放阀。

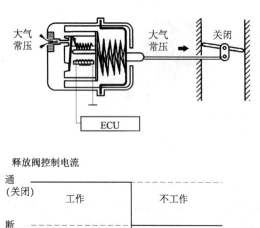

图 3-29　释放阀的工作过程

释放阀用于当 CCS 的工作取消时，使大气常压状态下的空气流入执行器，以便在较短时间内关闭节气门。

如图 3-29 所示，当电流流过释放阀的电磁线圈时，大气常压状态下的空气通道关闭。当使用 CCS 时，电流流过释放阀。当 CCS 的工作取消时，释放阀电磁线圈的电流同时停止，于是大气常压状态下的空气进入执行器，使回位弹簧将膜片推回，节气门关闭。此时，流过控制阀的电流也停止，使空气通过该阀进入执行器。

如果控制阀安装在真空（负压）引入位置，当有故障时，释放阀的作用如同一安全阀。控制阀将来自释放阀的大气常压引入，使节气门关闭，从而降低车速。释放阀就是这样保证有较大的行驶安全性。

综上所述，不论车速是保持不变、提高或降低，执行器中控制阀和释放阀都在工作，以控制车速。在车辆的各种行驶情况下，这两个阀的工作及相互关系如表 3-8 所示。图 3-30 所示为表 3-8 中①、②、③和④的行驶情况；图 3-31 所示为表 3-8 中⑤、⑥和⑦的行驶情况；图 3-32 所示为表 3-8 中⑧、⑨、⑩和⑪的行驶情况。

表 3-8　在各种行驶情况下控制阀和释放阀的工作

行驶情况	主开关	执行器		
		控制阀		释放阀
		电流		电流
		真空控制阀	大气阀	大气阀
① CCS 关断	断	断		断
		关闭	打开	打开
② 车速未设定	通	断		断
		关闭	打开	打开
③ 车速设定	通	最大（90%）负载控制		通
		开↔闭 90%	开↔闭 10% 90% 10%	关闭
④ 在 CCS 控制下以匀速行驶	通	负载控制		通
		开↔闭	开↔闭	关闭
⑤ 用控制开关加速	通	负载控制		通
		开↔闭	开↔闭	关闭
⑥ 用控制开关减速	通	断		断
		关闭	打开	打开
⑦ 用加速踏板暂时加速	通	断		断
		关闭	打开	打开
⑧ 车速在设定车速以上	通	负载控制		通
		开↔闭	开↔闭	关闭
⑨ 车速在设定车速以下	通	负载控制		通
		开↔闭	开↔闭	关闭
⑩ 取消	通	断		断
		关闭	打开	打开
⑪ 用控制开关恢复车速	通	负载控制		通
		开↔闭	开↔闭	关闭

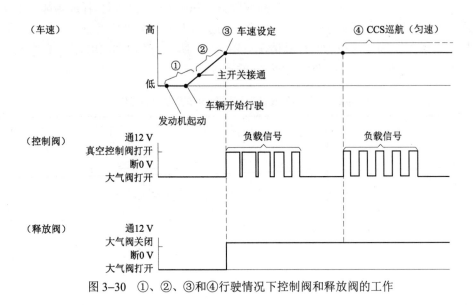

图3-30 ①、②、③和④行驶情况下控制阀和释放阀的工作

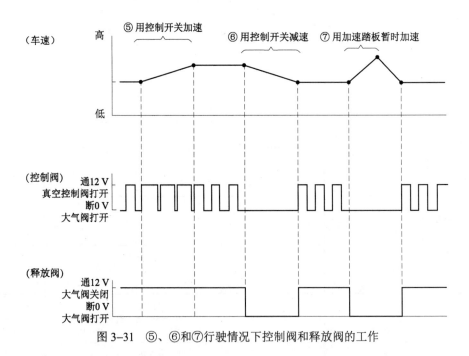

图3-31 ⑤、⑥和⑦行驶情况下控制阀和释放阀的工作

3）真空泵

如图3-33所示，真空泵由电动机、连杆、3个单向阀和膜片等组成。当进气室负压不足时（如当车辆上坡行驶或加速踏板完全被踩下时），真空泵向执行器供应额外的负压。

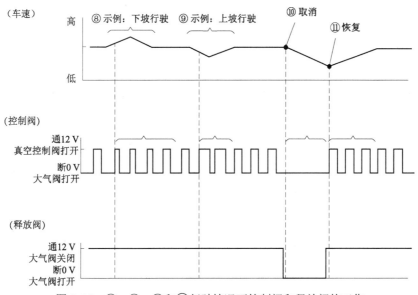

图 3-32 ⑧、⑨、⑩和⑪行驶情况下控制阀和释放阀的工作

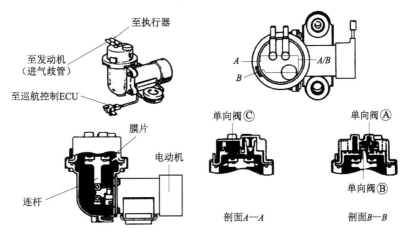

图 3-33 真空泵的结构

真空泵的工作原理如图 3-34 所示，由于进气室负压的作用，单向阀 Ⓐ 通常保持打开，向执行器提供负压。当进气室的负压低时，巡航控制 ECU 发出信号，将真空泵接通，负压通过单向阀 Ⓑ 提供给执行器。

4）真空控制开关

如图 3-35 所示，真空控制开关检测进气室的负压。当负压降至 22.7 kPa 或更低时，真空控制开关接通，将信号传送至巡航控制 ECU，用于控制真空泵工作，如图 3-36 所示。

2. 电动机驱动型执行器

电动机驱动型执行器的结构如图 3-37 所示，它由电动机、电磁离合器和电位计等组成。这个执行器不能解体

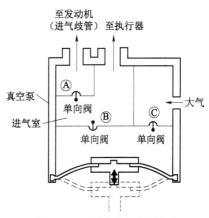

图 3-34 真空泵的工作原理

修理，若有故障或损坏，必须更换总成。

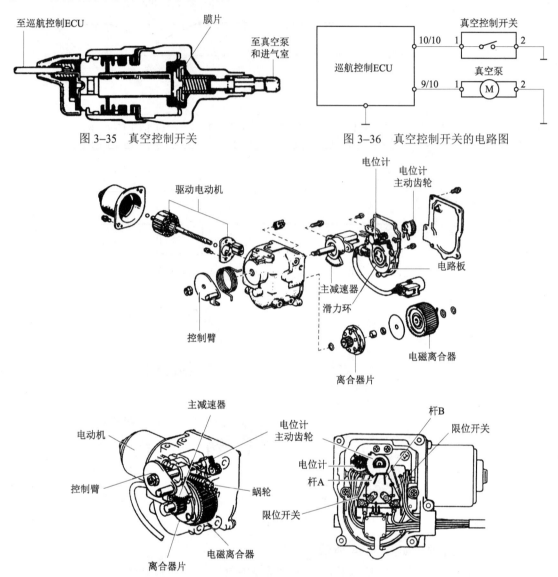

图 3-35　真空控制开关

图 3-36　真空控制开关的电路图

图 3-37　电动机驱动型执行器的结构

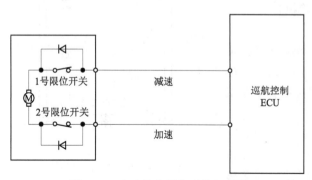

图 3-38　电动机和限位开关电路图

1）电动机和限位开关

如图 3-38 所示，电动机根据来自巡航控制 ECU 的信号，顺时针或逆时针方向转动，从而改变节气门的开度。

节气门已完全打开或关闭后，如电动机继续运转，就会损坏。为了防止这种情况发生，在电动机上安装了两个限位开关。在节气门完全打开或关闭的这段时间内，这些开关的触点闭合。当节气门收到来自巡航控制 ECU 的加速信号后，将节气门完全打开时，1 号限位开关断路，将电动机关断；当节气门完全关闭（减速）时，2 号限位开关断路，将电动机关断。

2）电磁离合器

如图 3-39 所示，电磁离合器使电动机与节气门拉索接合和分离。不论什么时候，只要 CCS 在工作，来自巡航控制 ECU 的信号就使之接合，电动机就通过拉索转动节气门。在 CCS 工作时，如果驾驶员起动任一个取消开关，巡航控制 ECU 收到这个信号，立即做出反应，将电磁离合器分离，阻止电动机转动节气门，于是节气门回至怠速位置，取消 CCS 的工作。其工作电路如图 3-40所示。

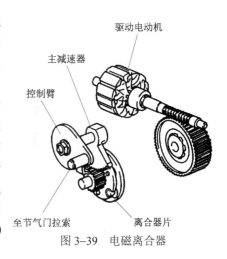

图 3-39　电磁离合器

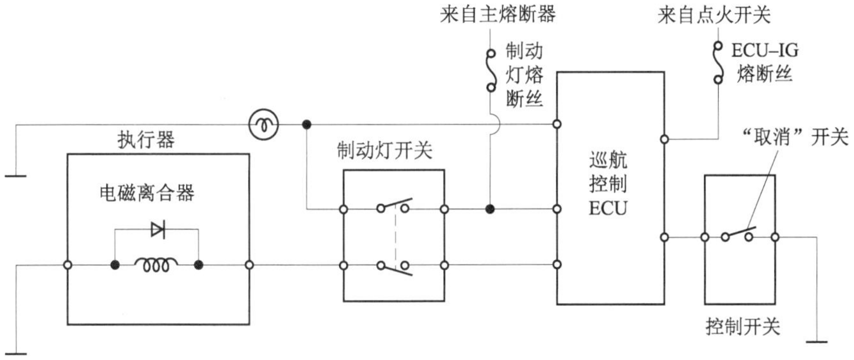

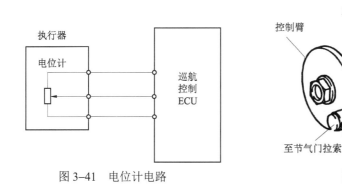

图 3-40　电磁离合器的工作电路

3）电位计

如图 3-41 所示，当 CCS 设定时，电位计（图 3-42）将节气门开度转换为电信号，并传送至巡航控制 ECU。巡航控制 ECU 将这个数据存储在其存储器中。如果以后设定车速与实际车速有差异，巡航控制 ECU 就根据这个数据确定应将节气门开度改变多少，使其与设定车速相匹配。

图 3-41　电位计电路

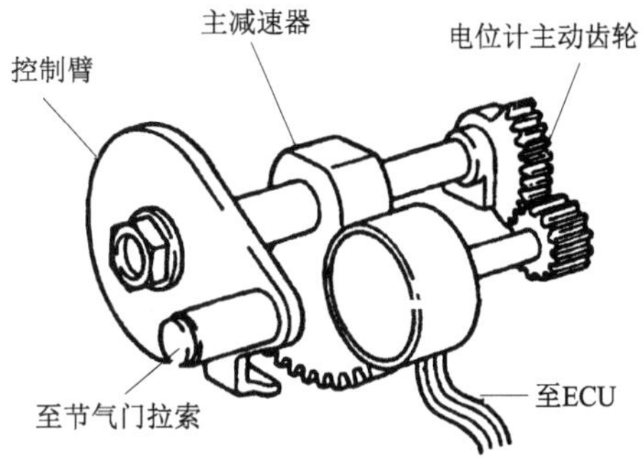

图 3-42　电位计

综上所述，不论车速是保持不变，还是提高或降低，执行器中的电动机都在工作，以控制车速。改变电动机转动方向，即可进行加速和减速，电磁离合器则适当控制电动机传送至控制臂的动力。在各种行驶条件下电动机和电磁离合器的工作情况如表 3–9 所示。图 3–43 所示为表 3–9 中的①、②、③、④行驶情况下电动机和电磁离合器的工作情况；图 3–44 所示为表 3–9 中的⑤、⑥、⑦行驶情况下电动机和电磁离合器的工作情况；图 3–45 所示为表 3–9 中⑧、⑨、⑩、⑪行驶情况下电动机和电磁离合器的工作情况。

表 3–9　在各种行驶条件下电动机和电磁离合器的工作情况

行驶情况	主开关	执行器			
		电动机		电磁离合器	
		电流		电流	
		加速	减速	分离	接合
① CCS 关断	断	断		断	
		—		分离	
② 车速未设定	通	断		断	
		—		分离	
③ 车速设定	通	负载控制		通	
		加速	—		接合
④ 在 CCS 控制下以匀速行驶	通	断		通	
		—			接合
⑤ 用控制开关加速	通	负载控制		通	
		加速	—		接合
⑥ 用控制开关降速	通	负载控制		通	
		—	减速		接合
⑦ 用加速踏板暂时加速	通	断		断	
					接合
⑧ 车速在设定车速以上	通	负载控制		通	
		—	减速		接合
⑨ 车速在设定车速以下	通	负载控制		通	
		加速	—		接合
⑩ 取消	通	负载控制		断	
		—	减速	分离	
⑪ 用控制开关恢复车速	通	负载控制		通	
		加速	—		接合

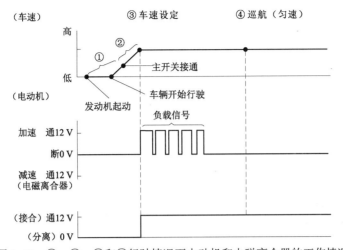

图 3-43　①、②、③和④行驶情况下电动机和电磁离合器的工作情况

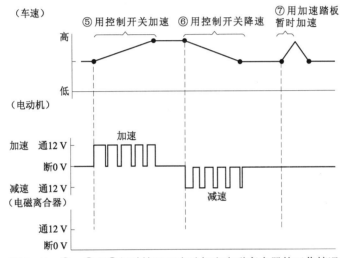

图 3-44　⑤、⑥和⑦行驶情况下电动机和电磁离合器的工作情况

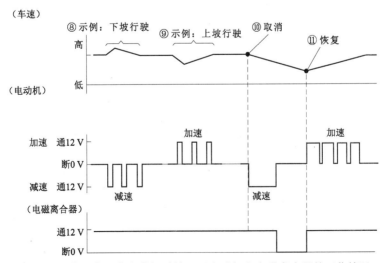

图 3-45　⑧、⑨、⑩和⑪行驶情况下电动机和电磁离合器的工作情况

第三节 巡航控制系统故障检测

本节以凌志 LS400 巡航控制电路为例，介绍丰田巡航控制电路故障的分析和排除方法。

一、部件位置图

凌志 LS400 巡航控制系统部件位置如图3-46 所示。

二、诊断电路

1. 检查指示灯

（1）将点火开关扭至"ON"（通）。

（2）检查巡航指示灯，应在巡航控制主开关接通时亮，而在巡航控制主开关断开时熄灭，如图 3-47 所示。

如指示灯检查结果不正常，则应对组合仪表进行故障分析和排除。

2. 故障代码校核

在巡航控制状态行驶时，如车速传感器或执行器等发生故障，ECU 则会使巡航控制的"自动取消"

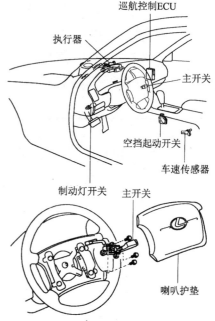

图 3-46 凌志 LS400 巡航控制系统部件位置

起动，同时使巡航主指示灯闪烁，以通知驾驶员发生了故障，如图 3-48 所示。与此同时，存储器也会存储该故障代码。

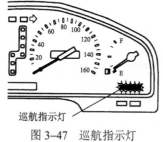

图 3-47 巡航指示灯

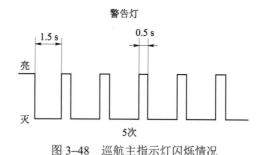

图 3-48 巡航主指示灯闪烁情况

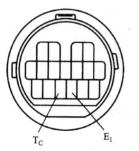

图 3-49 丰田诊断通信链路（插座）

3. 故障代码的输出

（1）使用诊断器检查导线。

① 将点火开关扭至"ON"（通）。

② 用 SST 连接丰田诊断通信链路的端子 T_C 和 E_1，如图 3-49 所示。

③ 通过巡航主指示灯读出故障代码。

备注：如诊断码不能输出，则应检查诊断电路。

图 3-50 所示为故障灯正常码、故障码 11 和 21 的闪烁方式。

④ 利用表 3–10 检查是否有故障。

⑤ 检查完毕后，应脱开端子 T_C 和 E_1，关断显示。

（2）用手持式测试器检查，如图 3–51 所示。

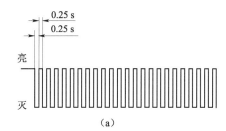

（a）

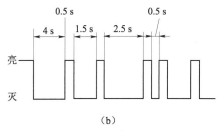

（b）

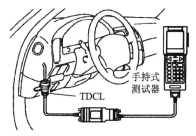

图 3–50 故障灯正常码、故障码 11 和 21 的闪烁方式   图 3–51 用手持式测试器检查

（a）正常码；（b）故障码 11 和 21

① 将手持式测试器与 TDCL（丰田诊断通信链路）连接起来。

② 根据测试器显示屏上的提示符读出故障代码（请参阅手持式测试器的操作员手册）。

4. 故障代码

若 ECU 检测出系统有故障，按表 3–10 中故障代码诊断。

表 3–10 故障代码

故障代码	巡航主指示灯闪烁方式	故 障 原 因
—	亮 灭	正常
11	亮 灭	电动机电路短路
12	亮 灭	电磁离合器电路短路； 电磁离合器电路开路达 0.8 s
13	亮 灭	位置传感器检测到不正常电压
14	亮 灭	执行器电动机电路开路； 电动机运转时，位置传感信号值不改变
21	亮 灭	设定巡航控制时，车速信号未输至 ECU
*23	亮 灭	实际车速低于设定车速 6 km/h，或低于设定车速 20% 或以上； 车速传感器脉冲不正常

续表

故障代码	巡航主指示灯闪烁方式	故 障 原 因
32	亮 灭	控制开关电路短路
34	亮 灭	控制开关电压不正常
41	亮 灭	100%的负载比输出至电动机加速端
42	亮 灭	电源电压下降

如果显示两个或更多的故障代码时，号码最小的一个最先显示。*23 故障代码当上坡路车速在减慢时，为非故障。

5. 用手持式测试器和分接盒测量 ECU 端子值

（1）将手持式测试器及分接盒与车辆配线连接起来，如图 3-52 所示。

（2）根据测试器显示屏上的提示符读出 ECU 输入/输出值。

（3）参阅分接盒操作员手册。

备注：手持式测试器具有"瞬象"功能，可以记录下测量数据，有效地诊断出间歇性故障。

6. 诊断码的清除

（1）修理工作完毕后，断开点火开关，将 ECU-B 熔断丝拔出不少于 10 s，便可清除保存在存储器中的故障代码，如图 3-53 所示。

（2）接好熔断丝，检查显示正常码。

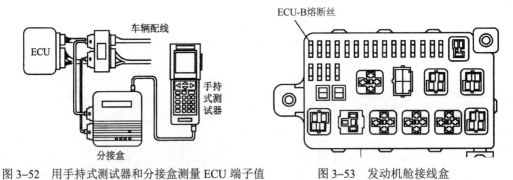

图 3-52 用手持式测试器和分接盒测量 ECU 端子值　　　图 3-53 发动机舱接线盒

7. 故障代码一览表

诊断码校核中如显示故障代码，则应检查表 3-11 所列出的电路。

表 3-11 故障代码一览表

故障代码	故 障 部 件
11	执行器电动机电路
12	执行器电磁离合器电路

续表

故障代码	故 障 部 件
13	执行器位置传感器电路
14	执行器电动机电路 执行器位置传感器电路
21	车速传感器电路
23	执行器控制拉索 车速传感器电路
32、34	控制开关电路（巡航控制开关）
41	巡航控制 ECU

8. 输入信号的检查

（1）代码输出。

① 检查 1～2 号。

将点火开关扭至"ON"（通）。

② 检查 3 号。

a. 将点火开关扭至"ON"（通）。

b. 挂 D 挡。

③ 检查 4 号。

a. 用举升机升起车辆。

b. 起动发动机。

c. 挂 D 挡。

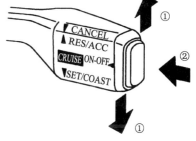

（2）将控制开关按至 SET/COAST（设定/滑行）或 RES/ACC（恢复/加速），将开关压住或提起，如图 3-54 所示。

（3）推主开关使其接通，如图 3-54 所示。

（4）检查巡航主指示灯，应在 3 s 后反复闪动 2～3 次。

图 3-54　控制开关

（5）将 SET/COAST（设定/滑行）开关或 RES/ACC（恢复/加速）开关扭至"OFF"（断开）。

（6）按表 3-12 所列次序操作每个开关。

表 3-12　输入信号检查表

编号	操作方法	巡航主指示灯闪烁方式	诊断
1	将 SET/COAST（设定/滑行）开关扭至"ON"（通）	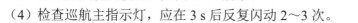 灯 亮 灭　0.25 s　0.25 s	SET/COAST（设定/滑行）开关电路正常
2	将 RES/ACC（恢复/加速）开关扭至"ON"（通）	灯 亮 灭	RES/ACC（恢复/加速）开关电路正常

编号	操作方法	巡航主指示灯闪烁方式	诊断
3	将 CANCEL（取消）开关扭至"ON"（通）	灯亮——开关接通；灯灭------开关断开	CANCEL（取消）开关电路正常
	踩下制动踏板，将制动灯开关扭至"ON"（通）	灯亮——开关接通；灯灭------开关断开	制动灯开关电路正常
	将空挡起动开关扭至"OFF"（断开）（挂 D 挡以外的任一挡）	灯亮——开关接通；灯灭------开关断开	空挡起动开关电路正常
4	以不低于 40 km/h 的车速行驶	灯亮／灯灭 脉冲闪烁	车速传感器正常
	以不高于 40 km/h 的车速行驶	灯亮——；灯灭------	

（7）读出巡航主指示灯的闪烁方式。

（8）检查完毕后，将主开关扭至"OFF"（断开）。

备注：如有两个以上的信号输入 ECU，号数低的最先显示。

9. 故障现象一览表

在故障代码核对过程中，如显示出正常码但故障依然出现（重现），则应按表 3–13 中所列顺序检查每一个电路，对每一故障现象进行分析排除。

（1）在各电路的流程图中如出现"按表 3–13 所示进行下一项电路检查"的说明，则应对表 3–13 中的下一个最高序号的电路继续检查。

表 3–13 故障现象一览表

故障现象 ＼ 怀疑部位	执行器	车速传感器电路	控制开关电路（巡航控制开关）	制动灯开关电路	怠速开关电路（主节气门位置传感器）	电子控制变速器通信电路	电子控制汽油喷射通信电路	变速器控制开关电路	ECU 电源电路	备用电源电路	主开关电路（巡航控制开关）	诊断电路	执行器控制拉索	巡航控制 ECU
不出现 SET（设定），或出现 CANCEL（取消）（故障代码为正常码）	6	2	3	4				5			1			7
不出现 SET（设定），或出现 CANCEL（取消）（不输出故障代码）									1					2
实际车速高于或低于设定车速	4	2			5	3							1	6
在上坡途中频繁地在第 3 挡和超速挡之间变换挡位（调速不稳）						1	2							3

续表

怀疑部位　故障现象	执行器	车速传感器电路	控制开关电路（巡航控制开关）	制动灯开关电路	怠速开关电路（主节气门位置传感器）	电子控制变速器通信电路	电子控制汽油喷射通信电路	变速器控制开关电路	ECU电源电路	备用电源电路	主开关电路（巡航控制开关）	诊断电路	执行器控制拉索	巡航控制ECU
即使踩下制动踏板，巡航控制也不能取消	3			2									1	4
即使变速器换在D挡以外的其他挡位，巡航控制也不能取消	3							2					1	4
控制开关不工作［不能进行SET/COAST（设定/滑行）、ACC/RES（加速/恢复）、CANCEL（取消）］	3		2										1	4
车速不高于40 km/h时可以进行SET（设定），或车速不高于40 km/h时，CANCEL（取消）不工作	3	2											1	4
在ACC（加速）和RES（恢复）模式，反应不灵敏	3					2							1	4
即使不是上坡，也不能恢复超速挡					1									2
储存的故障代码被消除										1				2
故障代码不输出，或在不应输出时反而输出												1		2
巡航主指示灯常亮或不亮	分析排除组合仪表故障													

（2）如各电路均属正常但故障依然重现，则应按最后步骤检查或更换巡航控制ECU。

三、ECU端子标准值

ECU端子号码如图3-55所示，其端子标准值如表3-14所示。

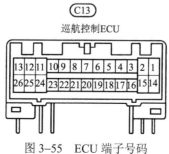

图3-55　ECU端子号码

表 3-14 ECU 端子标准值

端子号码	符号	配线颜色	条件	标准值/V
C13-1← →C13-13	STP+← →GND	W← →W/B	点火开关 ON（通）	<2
			点火开关 OFF（断）	10～14
C13-2← →C13-13	D← →GND	G/O← →W/B	点火开关 ON（通），挂 D 挡以外挡位	<2
			点火开关 ON（通），挂 D 挡	10～14
C13-6← →C13-13	EG← →GND	G/W← →W/B		<1
				10～14
C13-7← →C13-13	Pi← →GND	Y/L← →W/B	点火开关 ON（通）；主开关 ON（通）；主指示灯开关 ON（亮）	<1.2
			点火开关 ON（通）；主开关 OFF（断）；主指示灯开关 OFF（断）（灭）	10～14
C13-8← →C13-13	TC← →GND	P/B← →W/B	点火开关 ON（通）	<2
C13-9← →C13-13	OD← →GND	R/B← →W/B	除巡航控制行驶时	10～14
			在上坡时设定 RES/ACC（恢复/加速）模式	<1
C13-10← →C13-13	L← →GND	R/B← →W/B	巡航控制行驶中	10～14
			除巡航控制行驶时	<1
C13-11← →C13-13	MC← →GND	G/R← →W/B	巡航控制行驶中将 SET/COAST（设定/滑行）开关保持 ON（通）	9～14
			除巡航控制行驶时	<1
C13-12← →C13-13	MO← →GND	LG← →W/B	巡航控制行驶中将（恢复/加速）开关保持 ON（通）	9～14
			除巡航控制行驶时	<1
C13-13← →车身接地	GND← →车身接地	W/B← →车身接地	任何条件	<1
C13-14← →C13-13	B← →GND	B/R← →W/B	点火开关 ON（通）	10～14
C13-15← →C13-13	BATT← →GND	W/R← →W/B	任何条件	10～14
C13-16← →C13-13	STP← →GND	G/W← →W/B	踩下制动踏板	10～14
			松开制动踏板	<2
C13-18← →C13-13	CCS← →GND	L← →W/B	点火开关 ON（通）；主开关 ON（通），开关位于中间位置	10～14
			点火开关 ON（通）；主开关 ON（通）。CANCEL（取消）开关保持 ON（通）	4.2～8.7
			点火开关 ON（通）；主开关 ON（通）。SET/COAST（设定/滑行）开关保持 ON（通）	2.5～6.2
			点火开关 ON（通）；主开关 ON（通），恢复/加速开关保持 ON（通）	0.8～3.6
C13-19← →C13-13	CMS← →GND	R/L← →W/B	点火开关 ON（通），主开关保持 ON（通）	<2
			点火开关 ON（通），主开关 OFF（断开）	10～14

端子号码	符号	配线颜色	条 件	标准值/V
C13-20← →C13-13	SPD← →GND	V/W← →W/B	起动发动机，车辆停止不动	10～14
			行驶中	从低于 1 至 10～14 之间反复改变
C13-21← →C13-13	IDL← →GND	G← →W/B	点火开关 ON（通），节气门完全打开	10～14
			点火开关 ON（通），节气门完全关闭	<3
C13-22← →C13-13	ECT← →GND	W← →W/B	巡航控制行驶中，超速挡开关 ON（通）	<0.5
			巡航控制行驶中，超速挡开关 OFF（断），第 3 挡 行驶	10～14
C13-23← →C13-13	VR1← →GND	R/B← →W/B	点火开关 ON（通）	4.5～5.5
C13-24← →C13-13	VR2← →GND	LG/R← →W/B	巡航控制行驶中	1.1～4.5
			点火开关 ON（通），控制板完全打开	3.8～4.5
			点火开关 ON（通），控制板完全关闭	1.1～1.4
C13-25← →C13-13	VR3← →GND	P← →W/B	任何条件	<1

四、电路的检查

1. 执行器电动机电路

执行器电动机故障代码如表 3-15 所示。

表 3-15　执行器电动机故障代码

故障代码	故障代码检测条件	故 障 部 位
11	电动机电路短路	1. 巡航控制执行器电动机； 2. 执行器电动机与 ECU 之间的配线和连接器； 3. ECU
14	执行器电动机电路开路	

1）电路说明

如图 3-56 所示，来自 ECU 的信号操纵执行器电动机的工作，根据负载比的变化传送加速和减速信号。

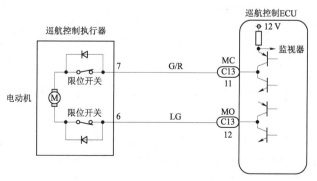

图 3-56　执行器电动机电路

负载比指的是在一个循环中导通时间的比率。例如，若 A 为一个循环的导通时间，B 为非导通时间，则

$$负载比 = \frac{A}{A+B} \times 100\%$$

2）检查程序

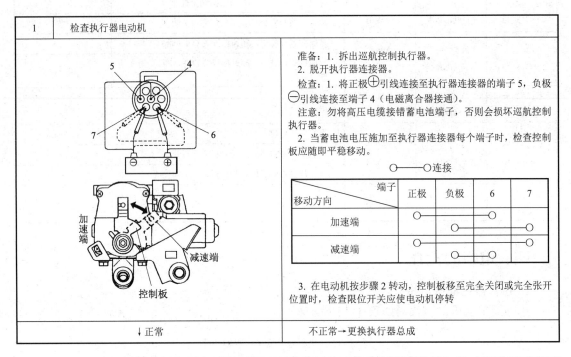

1	检查执行器电动机	
	（图示）	准备：1. 拆出巡航控制执行器。 2. 脱开执行器连接器。 检查：1. 将正极⊕引线连接至执行器连接器的端子5，负极⊖引线连接至端子4（电磁离合器接通）。 注意：勿将高压电缆接错蓄电池端子，否则会损坏巡航控制执行器。 2. 当蓄电池电压施加至执行器连接器每个端子时，检查控制板应随即平稳移动。
	↓正常	不正常→更换执行器总成

连接表：

端子 移动方向	正极	负极	6	7
加速端	○		○	
		○		○
减速端	○			○
		○	○	

3. 在电动机按步骤 2 转动，控制板移至完全关闭或完全张开位置时，检查限位开关应使电动机停转。

2	检查巡航控制 ECU 和执行器电动机之间的配线和连接器	
	↓正常	不正常→修理或更换配线或连接器

3	按表 3–13 所示进行下一项电路检查。如显示出 11 号、14 号故障代码，则应检查和更换巡航控制 ECU

2. 执行器电磁离合器电路

执行器电磁离合器故障代码如表 3–16 所示。

表 3–16　执行器电磁离合器故障代码

故障代码	故障代码检测条件	故 障 部 位
12	电磁离合器电路短路； 电磁离合器电路开路（0.8 s）	1. 巡航控制电磁离合器； 2. ECU 与电磁离合器之间、电磁离合器与车身接地之间的配线或连接器； 3. ECU

1）电路说明

如图 3–57 所示，该电路在巡航控制电路工作时，根据来自 ECU 的信号，接通执行器内部的电磁离合器。如执行器、车速传感器等在巡航控制电路工作时发生故障，电动机和控制板之间的转子轴便会松开。

踩下制动踏板时，制动灯开关接通，向制动灯供电，电磁离合器的电源由机械方法切断，电磁离合器被关断。

在下坡路段行驶时，如果车速超过设定车速 15 km/h，ECU 便会关断电磁离合器。如车速稍后降至高于设定车速 10 km/h 以内，设定速度巡航控制便会恢复。

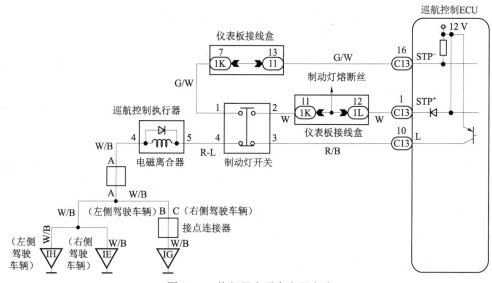

图 3-57　执行器电磁离合器电路

2）检测程序

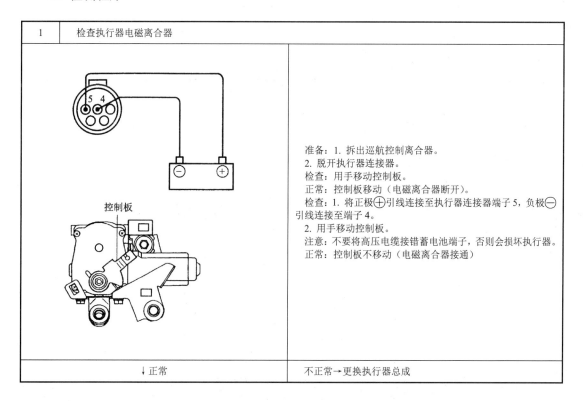

1	检查执行器电磁离合器
	准备：1. 拆出巡航控制离合器。 2. 脱开执行器连接器。 检查：用手移动控制板。 正常：控制板移动（电磁离合器断开）。 检查：1. 将正极⊕引线连接至执行器连接器端子5，负极⊖引线连接至端子4。 2. 用手移动控制板。 注意：不要将高压电缆接错蓄电池端子，否则会损坏执行器。 正常：控制板不移动（电磁离合器接通）
↓正常	不正常→更换执行器总成

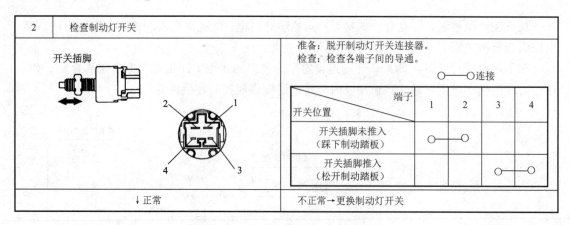

| 2 | 检查制动灯开关 | | | | | |

<table>
准备：脱开制动灯开关连接器。
检查：检查各端子间的导通。
</table>

开关位置 ＼ 端子	1	2	3	4
开关插脚未推入（踩下制动踏板）	○—	—○		
开关插脚推入（松开制动踏板）			○—	—○

| ↓ 正常 | 不正常→更换制动灯开关 |

3	检查 ECU 与制动灯开关之间、制动灯开关与电磁离合器之间、电磁离合器与车身接地之间的配线和连接器是否开路或短路
↓ 正常	不正常→修理或更换配线或连接器

| 4 | 按表 3-13 所示进行下一项电路检查。如显示出 12 号故障代码，则应检查配线和连接器是否松动；如连接良好，则检查和更换 ECU |

3. 执行器位置传感器电路

执行器位置传感器故障代码如表 3-17 所示。

表 3-17　执行器位置传感器故障代码

故障代码	故障代码检测条件	故障部位
13	位置传感器检测出不正常电压	1. 巡航控制执行器电动机； 2. 巡航控制执行器位置传感器； 3. 执行器位置传感器与车身接地之间的配线或连接器； 4. 执行器电动机与 ECU 之间的配线或连接器； 5. ECU
14	执行器电动机电路开路； 电动机运转时位置传感器信号值不改变	

1）电路说明

如图 3-58 所示，该电路用于检测执行器控制板的转动位置，将信号传送至 ECU。

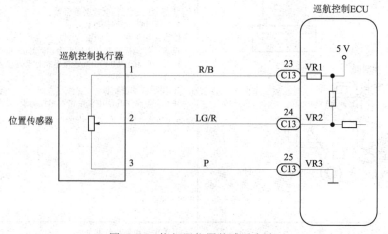

图 3-58　执行器位置传感器电路

2）检查程序

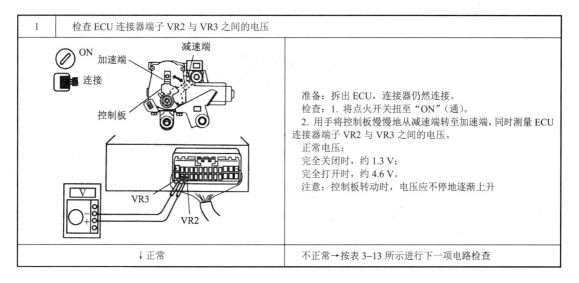

1	检查 ECU 连接器端子 VR2 与 VR3 之间的电压
	准备：拆出 ECU，连接器仍然连接。 检查：1. 将点火开关扭至"ON"（通）。 2. 用手将控制板慢慢地从减速端转至加速端，同时测量 ECU 连接器端子 VR2 与 VR3 之间的电压。 正常电压： 完全关闭时，约 1.3 V； 完全打开时，约 4.6 V。 注意：控制板转动时，电压应不停地逐渐上升
↓ 正常	不正常→按表 3-13 所示进行下一项电路检查

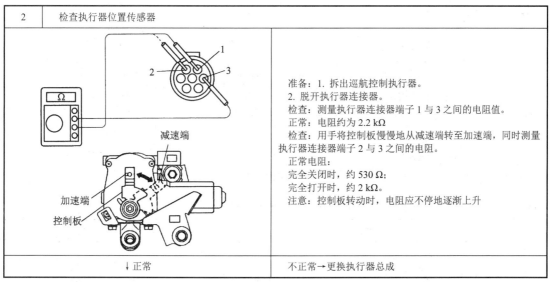

2	检查执行器位置传感器
	准备：1. 拆出巡航控制执行器。 2. 脱开执行器连接器。 检查：测量执行器连接器端子 1 与 3 之间的电阻值。 正常：电阻约为 2.2 kΩ 检查：用手将控制板慢慢地从减速端转至加速端，同时测量执行器连接器端子 2 与 3 之间的电阻。 正常电阻： 完全关闭时，约 530 Ω； 完全打开时，约 2 kΩ。 注意：控制板转动时，电阻应不停地逐渐上升
↓ 正常	不正常→更换执行器总成

3	检查 ECU 和执行器位置传感器之间的配线和连接器是否开路或短路
↓ 正常	不正常→修理或更换配线或连接器

4	检查配线和连接器的连接处是否松动。如连接正常，则应检查和更换 ECU

4. 车速传感器电路

1）电路说明

车速传感器的结构如图 3-59 所示。转子轴每转动一圈，车速传感器便会通过发动机和 ECT ECU 及组合仪表将信号传送至巡航控制 ECU，如图 3-60 所示。巡航控制 ECU 根据信号脉冲频率计算出车速。车速传感器电路如图 3-61 所示。车速传感器故障代码如表 3-18 所示。

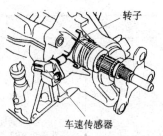

图 3-59　车速传感器的结构

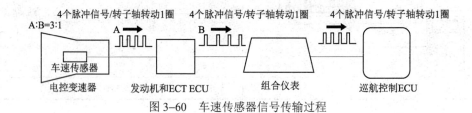

图 3-60　车速传感器信号传输过程

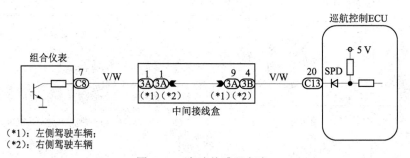

(*1)：左侧驾驶车辆；
(*2)：右侧驾驶车辆

图 3-61　车速传感器电路

表 3-18　车速传感器故障代码

故障代码	故障代码检测条件	故障部位
21	巡航控制设定后，车速信号不能输入ECU	1. 车速传感器； 2. 发动机和 ECT ECU； 3. 组合仪表； 4. 车速传感器与发动机、ECT ECU 之间，发动机 ECT ECU 与组合仪表之间，组合仪表与 ECU 之间的配线或连接器； 5. ECU
23	实际车速降至比设定车速低 16 km/h 或更多，或者比设定车速低 20%或以上。 车速传感器脉冲不正常。 提示：如车速信号在 0.2 s 内未输入ECU，便会显示出故障代码	1. 巡航控制执行器电动机； 2. 巡航控制执行器控制拉索； 3. 车速传感器； 4. 配线或连接器（端子 OD、STD）； 5. ECU

2）检查程序

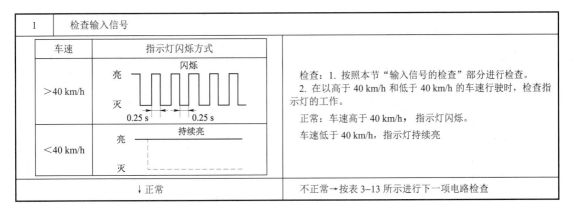

1	检查输入信号	
 车速 / 指示灯闪烁方式 >40 km/h <40 km/h		检查：1. 按照本节"输入信号的检查"部分进行检查。 2. 在以高于 40 km/h 和低于 40 km/h 的车速行驶时，检查指示灯的工作。 正常：车速高于 40 km/h，指示灯闪烁。 车速低于 40 km/h，指示灯持续亮
↓ 正常		不正常→按表 3-13 所示进行下一项电路检查

2	检查车速表电路
↓ 正常	不正常→修理或更换车速传感器、配线、连接器或组合仪表总成

3	检查和更换巡航控制 ECU

5. 巡航控制开关

巡航控制开关故障代码如表 3-19 所示。

表 3-19　巡航控制开关故障代码

故障代码	故障代码检测条件	故障部位
32	控制开关电路短路	1. 巡航控制开关； 2. 控制开关和 ECU 之间的配线或连接器；
34	控制开关电压不正常	3. ECU

1）电路说明

如图 3-62 所示，该电路将 SET/COAST（设定/滑行）、RESUME/ACCEL（恢复/加速）及 CANCEL（取消）信号（每个电压）传送至 ECU。

2）检查程序

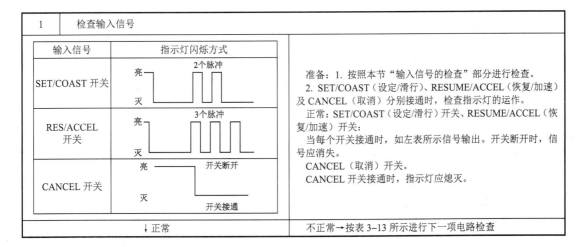

1	检查输入信号	
 输入信号 / 指示灯闪烁方式 SET/COAST 开关 RES/ACCEL 开关 CANCEL 开关		准备：1. 按照本节"输入信号的检查"部分进行检查。 2. SET/COAST（设定/滑行）、RESUME/ACCEL（恢复/加速）及 CANCEL（取消）分别接通时，检查指示灯的运作。 正常：SET/COAST（设定/滑行）开关、RESUME/ACCEL（恢复/加速）开关： 当每个开关接通时，如左表所示信号输出。开关断开时，信号应消失。 CANCEL（取消）开关。 CANCEL 开关接通时，指示灯应熄灭。
↓ 正常		不正常→按表 3-13 所示进行下一项电路检查

2	检查巡航控制 ECU 连接器的端子 CCS 与车身接地之间的电压

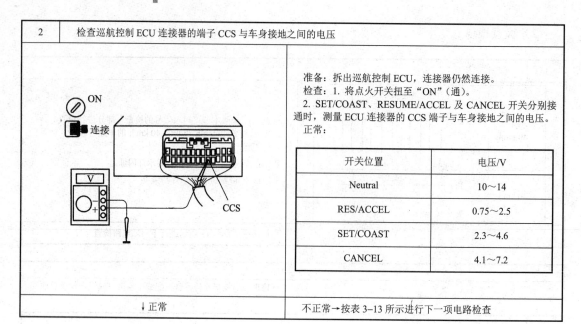

准备：拆出巡航控制 ECU，连接器仍然连接。
检查：1. 将点火开关扭至"ON"（通）。
2. SET/COAST、RESUME/ACCEL 及 CANCEL 开关分别接通时，测量 ECU 连接器的 CCS 端子与车身接地之间的电压。
正常：

开关位置	电压/V
Neutral	10~14
RES/ACCEL	0.75~2.5
SET/COAST	2.3~4.6
CANCEL	4.1~7.2

↓ 正常	不正常→按表 3-13 所示进行下一项电路检查

3	检查控制开关

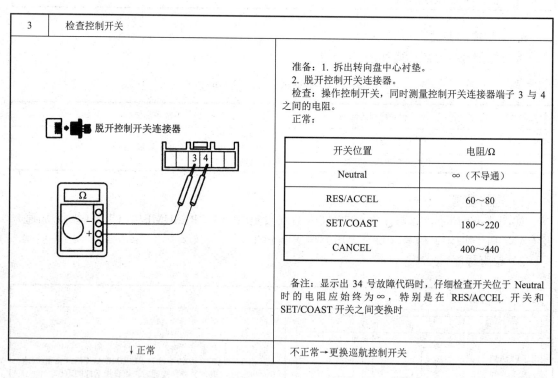

准备：1. 拆出转向盘中心衬垫。
2. 脱开控制开关连接器。
检查：操作控制开关，同时测量控制开关连接器端子 3 与 4 之间的电阻。
正常：

开关位置	电阻/Ω
Neutral	∞（不导通）
RES/ACCEL	60~80
SET/COAST	180~220
CANCEL	400~440

备注：显示出 34 号故障代码时，仔细检查开关位于 Neutral 时的电阻应始终为 ∞，特别是在 RES/ACCEL 开关和 SET/COAST 开关之间变换时

↓ 正常	不正常→更换巡航控制开关

4	检查巡航控制 ECU 与控制开关之间的配线和连接器
↓ 正常	不正常→修理或更换车速传感器

5	检查和更换巡航控制 ECU

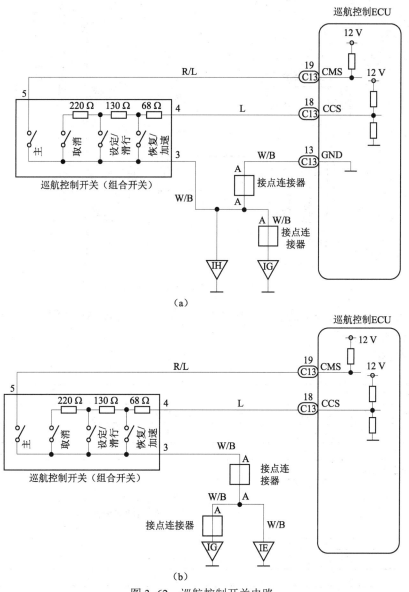

图 3-62　巡航控制开关电路

（a）左侧驾驶车型；（b）右侧驾驶车型

6. 制动灯开关电路

1）电路说明

如图 3-63 所示，车辆制动时，蓄电池电压通常会通过制动灯熔断丝和制动灯开关作用在 ECU 的端子 STP 上，ECU 随之断开巡航控制电路。

该电路具有故障防护功能，即使制动灯信号电路发生故障，也可保证取消功能正常运作。

（1）如连接 STP⁻端子的配线开路，端子 STP⁻便具有蓄电池电压，使巡航控制电路断开。

（2）如制动灯熔断丝开路，在制动时，端子 STP⁺的电压会变为约 0 V，ECU 便可正常操作取消功能。

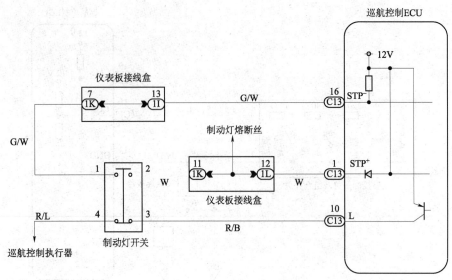

图 3-63　制动灯开关电路

另外，制动时制动灯开关还会用机械方法断开电磁离合器，从而断开巡航控制电路（见本节电磁离合器的工作）。

2）检查程序

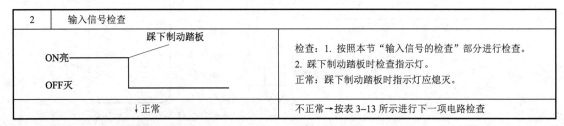

1	检查制动灯的运作	
检查：检查制动灯，应在踩下制动踏板时"ON"（亮），在松开制动踏板时"OFF"（灭）		
	↓正常	不正常→检查制动灯电路

2	输入信号检查	
踩下制动踏板 ON亮—— OFF灭——	检查：1. 按照本节"输入信号的检查"部分进行检查。 2. 踩下制动踏板时检查指示灯。 正常：踩下制动踏板时指示灯应熄灭。	
	↓正常	不正常→按表3-13所示进行下一项电路检查

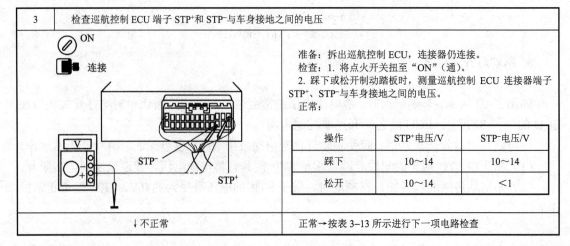

3	检查巡航控制 ECU 端子 STP$^+$和 STP$^-$与车身接地之间的电压	

准备：拆出巡航控制 ECU，连接器仍连接。

检查：1. 将点火开关扭至"ON"（通）。

2. 踩下或松开制动踏板时，测量巡航控制 ECU 连接器端子 STP$^+$、STP$^-$与车身接地之间的电压。

正常：

操作	STP$^+$电压/V	STP$^-$电压/V
踩下	10～14	10～14
松开	10～14	<1

↓不正常	正常→按表3-13所示进行下一项电路检查

4	检查巡航控制 ECU 的端子，STP⁺与制动灯开关之间、ECU 的端子 STP⁻与制动灯开关之间的配线和连接器是否开路	
	↓正常	不正常→修理或更换配线或连接器

5	检查和更换巡航控制 ECU	

7. 怠速开关电路

1）电路说明

如图 3-64 所示，当接通节气门位置传感器中的怠速开关时，信号便输至 ECU。ECU 利用该信号来校正节气门位置传感器与执行器传感器之间信号值的差异，使巡航控制设置在准确的速度。如怠速开关发生故障，发动机也会出现故障症状，这时也应检查发动机。

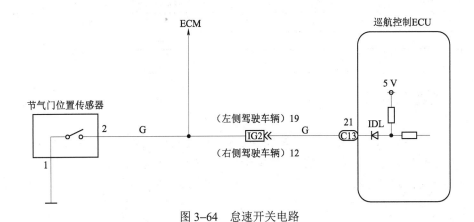

图 3-64　怠速开关电路

2）检查程序

1	检查巡航控制 ECU 连接器的端子 IDL 与车身接地之间的电压	
	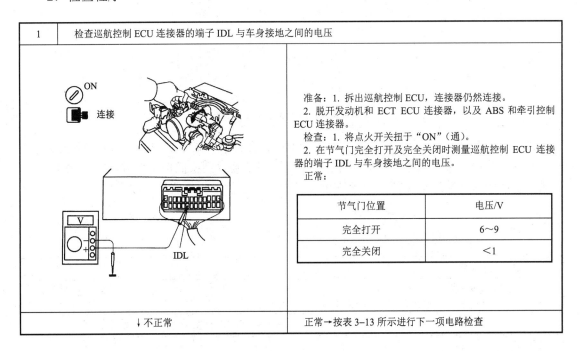	准备：1. 拆出巡航控制 ECU，连接器仍然连接。 2. 脱开发动机和 ECT ECU 连接器，以及 ABS 和牵引控制 ECU 连接器。 检查：1. 将点火开关扭到"ON"（通）。 2. 在节气门完全打开及完全关闭时测量巡航控制 ECU 连接器的端子 IDL 与车身接地之间的电压。 正常： 节气门位置／电压/V 完全打开／6～9 完全关闭／<1
	↓不正常	正常→按表 3-13 所示进行下一项电路检查

163

2	检查执行器位置传感器	
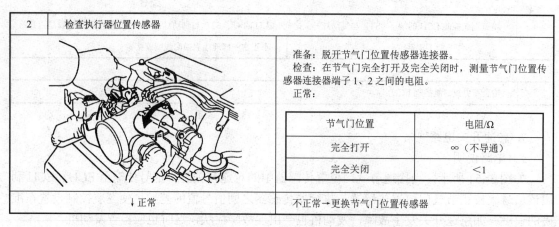	准备：脱开节气门位置传感器连接器。 检查：在节气门完全打开及完全关闭时，测量节气门位置传感器连接器端子 1、2 之间的电阻。 正常： | 节气门位置	电阻/Ω
---	---
完全打开	∞（不导通）
完全关闭	<1		
↓正常	不正常→更换节气门位置传感器	

3	检查巡航控制 ECU 与节气门位置传感器之间、节气门位置传感器与车身接地之间的配线和连接器	
↓正常	不正常→修理或更换配线或连接器	

4	检查和更换巡航控制 ECU

8. 电控变速器通信电路

1）电路说明

如图 3-65 所示，在巡航控制下的车辆上坡行驶而电控变速器换低挡时，为了减少由于超速挡的"通↔断"运作而引起的换挡，提供平稳的行驶，当在电控变速器中发生换低挡时，巡航控制 ECU 便向电控变速器发出信号，防止上坡结束前换高挡。

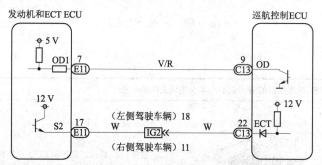

图 3-65　电控变速器通信电路

巡航控制 ECU ECT 端子检测来自电控变速器换挡信号（输出至电控变速器 2 号电磁阀）。如果车速下降以及当巡航控制 ECU 的电控变速器端子接收到换低挡信号时，ECU 便会将来自端子 OD 的信号输送至 ECT，从而在上坡行驶结束之前切断超速挡，减少换挡次数、改变电控变速器内的换挡点。

2）检查程序

1	检查超速挡的工作	
准备：发动机预热后进行试车； 检查：对超速挡开关进行"通↔断"操作，检查超速挡应可"通↔断"		
↓正常	不正常→检查和修理电控变速器	

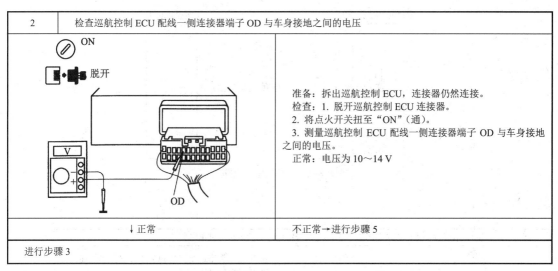

2	检查巡航控制 ECU 配线一侧连接器端子 OD 与车身接地之间的电压

准备：拆出巡航控制 ECU，连接器仍然连接。
检查：1. 脱开巡航控制 ECU 连接器。
2. 将点火开关扭至"ON"（通）。
3. 测量巡航控制 ECU 配线一侧连接器端子 OD 与车身接地之间的电压。
正常：电压为 10～14 V

↓正常	不正常→进行步骤 5
进行步骤 3	

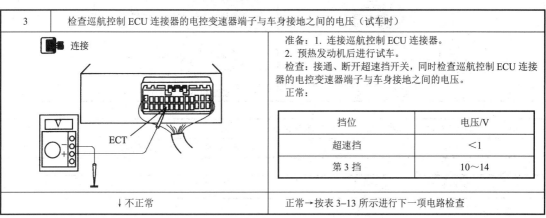

3	检查巡航控制 ECU 连接器的电控变速器端子与车身接地之间的电压（试车时）

准备：1. 连接巡航控制 ECU 连接器。
2. 预热发动机后进行试车。
检查：接通、断开超速挡开关，同时检查巡航控制 ECU 连接器的电控变速器端子与车身接地之间的电压。
正常：

挡位	电压/V
超速挡	<1
第 3 挡	10～14

↓不正常	正常→按表 3–13 所示进行下一项电路检查

4	检查巡航控制 ECU 的电控变速器端子与电控变速器电磁阀之间的配线和连接器
↓正常	不正常→修理或更换配线或连接器

检查和更换巡航控制 ECU	

5	检查巡航控制 ECU 的端子 OD 与发动机和 ECT ECU 的端子 ODI 之间的配线和连接器
↓正常	不正常→修理或更换配线或连接器

6	检查和更换巡航控制 ECT ECU

9. EFI（电控燃油喷射）通信电路

1）电路说明

如图 3–66 所示，在巡航控制下的车辆下坡时，为巡航控制平稳，使燃油切断所造成的发动机扭矩变化减至最小，巡航控制 ECU 向发动机和 ECT ECU 发出一个专为巡航控制用的延迟角控制信号。

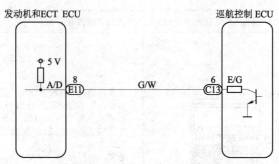

图 3-66　EFI 通信电路

2）检查程序

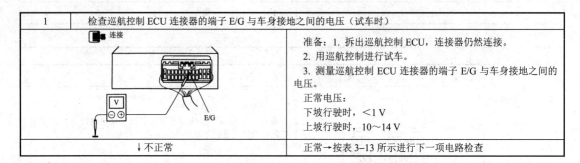

1	检查巡航控制 ECU 连接器的端子 E/G 与车身接地之间的电压（试车时）	
		准备：1. 拆出巡航控制 ECU，连接器仍然连接。 2. 用巡航控制进行试车。 3. 测量巡航控制 ECU 连接器的端子 E/G 与车身接地之间的电压。 正常电压： 下坡行驶时，＜1 V 上坡行驶时，10～14 V
	↓不正常	正常→按表 3-13 所示进行下一项电路检查

2	检查巡航控制 ECU 和 ECM 之间的配线和连接器	
	↓正常	不正常→修理或更换配线或连接器

3	检查和更换巡航控制 ECT ECU	

10. 变速器控制开关电路

1）电路说明

如图 3-67 所示，挡位位于 D 挡以外任一挡时，会有一个信号从变速器控制开关输送至 ECU。当这一信号在巡航控制行驶中输入时，ECU 便会取消巡航控制。

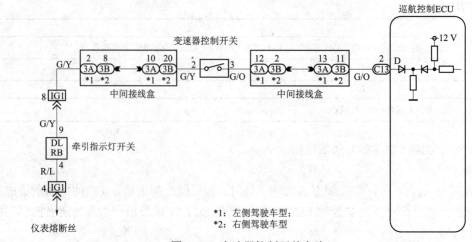

*1：左侧驾驶车型；
*2：右侧驾驶车型

图 3-67　变速器控制开关电路

2）检查程序

1	检查起动机的工作	
检查：起动机应正常工作，发动机应能起动		
↓正常		不正常→进行发动机故障排除分析

2	检查输入信号	检查：1. 按照本节"输入信号的检查"部分进行检查。
		2. 换入除 D 挡以外任一挡，检查指示灯。
		正常：换挡杆换入除 D 挡以外的任一挡时，指示灯熄灭
↓不正常		正常→按表 3-13 所示进行下一项电路检查

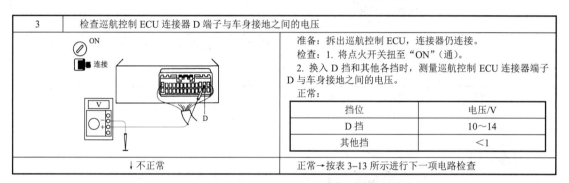

3	检查巡航控制 ECU 连接器 D 端子与车身接地之间的电压	
		准备：拆出巡航控制 ECU，连接器仍连接。
		检查：1. 将点火开关扭至"ON"（通）。
		2. 换入 D 挡和其他各挡时，测量巡航控制 ECU 连接器端子 D 与车身接地之间的电压。
		正常：

挡位	电压/V
D 挡	10～14
其他挡	<1

↓不正常		正常→按表 3-13 所示进行下一项电路检查

4	检查巡航控制 ECU 与仪表熔断丝之间的配线和连接器是否开路	
↓正常		不正常→修理或更换配线或连接器

5	检查和更换巡航控制 ECU	

11. ECU 电源电路

1）电路说明

如图 3-68 所示，当端子 GND 和巡航控制 ECU 外壳接地时，ECU 电源电路便向执行器及各传感器等供电。

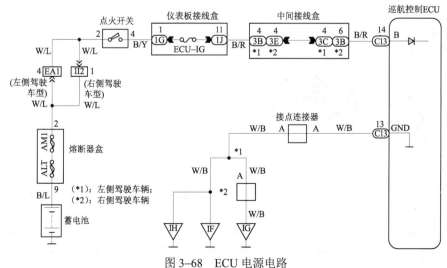

图 3-68　ECU 电源电路

2）检查程序

1	检查 ECU 点火熔断丝	
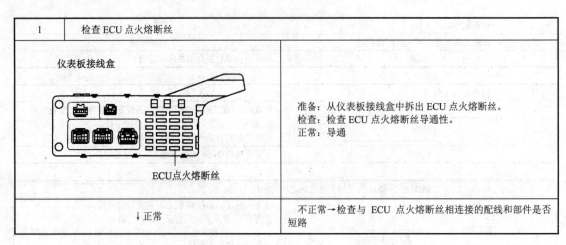	准备：从仪表板接线盒中拆出 ECU 点火熔断丝。 检查：检查 ECU 点火熔断丝导通性。 正常：导通	
↓正常	不正常→检查与 ECU 点火熔断丝相连接的配线和部件是否短路	

2	检查巡航控制 ECU 连接器的端子 B 与 GND 之间的电压	
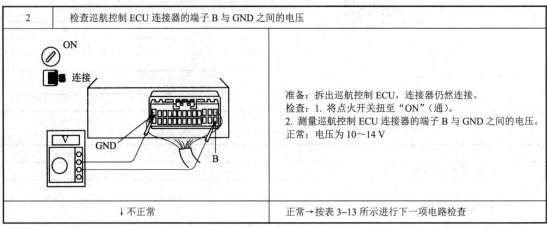	准备：拆出巡航控制 ECU，连接器仍然连接。 检查：1. 将点火开关扭至"ON"（通）。 2. 测量巡航控制 ECU 连接器的端子 B 与 GND 之间的电压。 正常：电压为 10～14 V	
↓不正常	正常→按表 3-13 所示进行下一项电路检查	

3	检查巡航控制 ECU 连接器端子 GND 与车身接地之间的导通性	
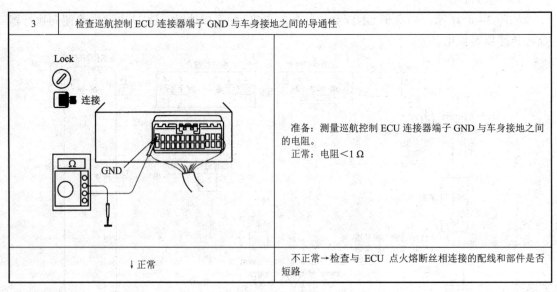	准备：测量巡航控制 ECU 连接器端子 GND 与车身接地之间的电阻。 正常：电阻<1 Ω	
↓正常	不正常→检查与 ECU 点火熔断丝相连接的配线和部件是否短路	

4	检查和修理蓄电池与巡航控制 ECU 之间的配线和连接器

12. 备用电源电路

1）电路说明

如图 3–69 所示，即使断开点火开关，ECU 备用电源仍然供电，并且用于故障代码存储器等。

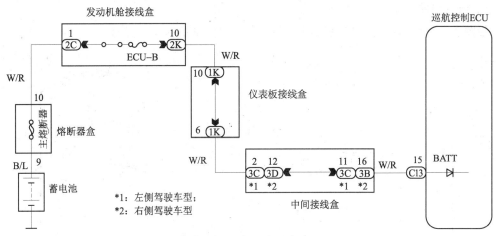

图 3–69　备用电源电路

2）检查程序

1	检查 ECU–B 熔断丝	
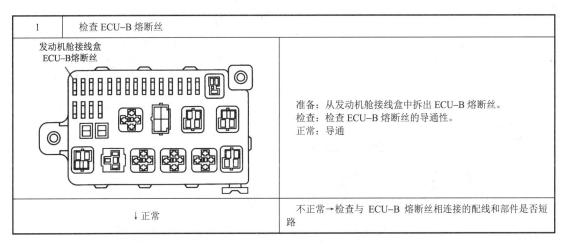		准备：从发动机舱接线盒中拆出 ECU–B 熔断丝。 检查：检查 ECU–B 熔断丝的导通性。 正常：导通
↓ 正常		不正常→检查与 ECU–B 熔断丝相连接的配线和部件是否短路

2	检查巡航控制 ECU 连接器的端子 BATT 与车身接地之间的电压	
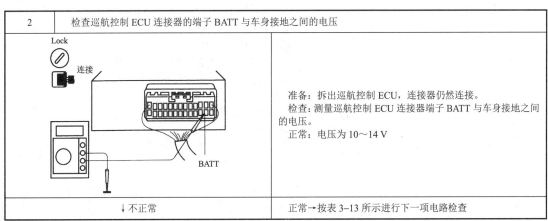		准备：拆出巡航控制 ECU，连接器仍然连接。 检查：测量巡航控制 ECU 连接器端子 BATT 与车身接地之间的电压。 正常：电压为 10～14 V
↓ 不正常		正常→按表 3–13 所示进行下一项电路检查

13. 主开关电路（巡航控制开关）

1）电路说明

如图 3-70 所示，当断开巡航控制开关时，巡航控制便不能运作。

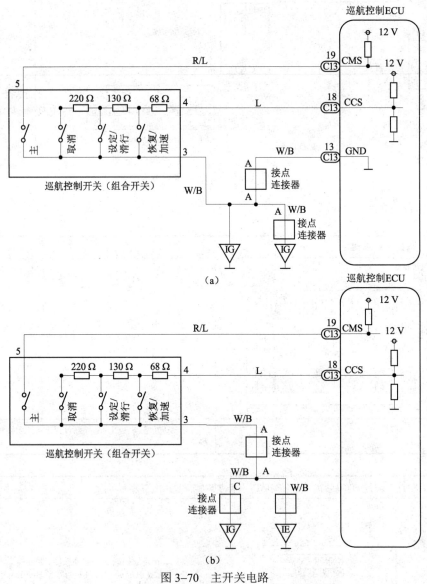

图 3-70　主开关电路

（a）左侧驾驶车型；（b）右侧驾驶车型

2）检查程序

| 1 | 检查巡航控制 ECU 连接器的端子 CMS 与车身接地之间的电压 |

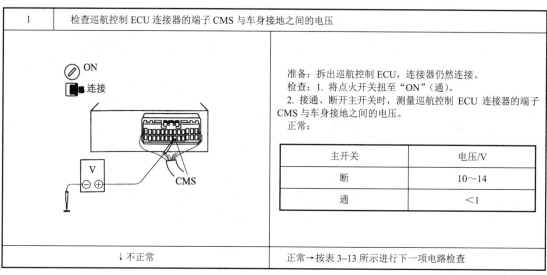

准备：拆出巡航控制 ECU，连接器仍然连接。

检查：1. 将点火开关扭至"ON"（通）。

2. 接通、断开主开关时，测量巡航控制 ECU 连接器的端子 CMS 与车身接地之间的电压。

正常：

主开关	电压/V
断	10～14
通	<1

↓不正常

正常→按表 3-13 所示进行下一项电路检查

| 2 | 检查主开关 |

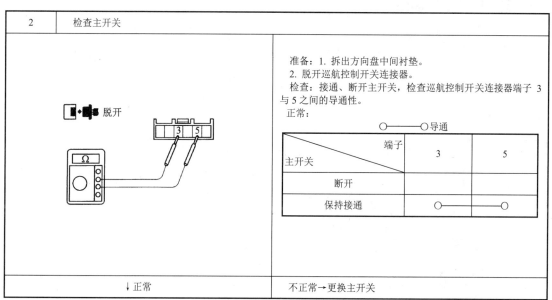

准备：1. 拆出方向盘中间衬垫。

2. 脱开巡航控制开关连接器。

检查：接通、断开主开关，检查巡航控制开关连接器端子 3 与 5 之间的导通性。

正常：

主开关 \ 端子	3	5
断开		
保持接通	○——○	

↓正常

不正常→更换主开关

3	检查巡航控制 ECU 与主开关之间的配线和连接器
↓正常	不正常→修理或更换配线或连接器

| 4 | 检查和更换巡航控制 ECU |

14. 诊断电路

1）电路说明

如图 3-71 所示，该电路将输出故障代码所需的信号传输至 ECU。

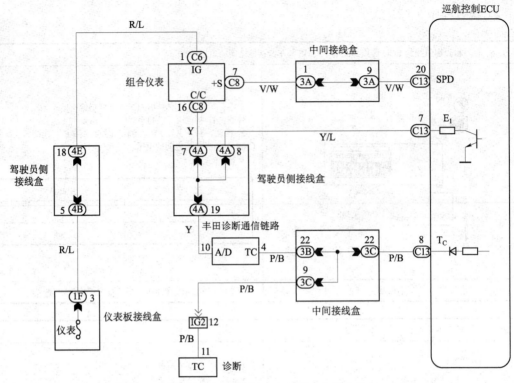

图 3-71　诊断电路（左侧驾驶车型）

2）检查程序

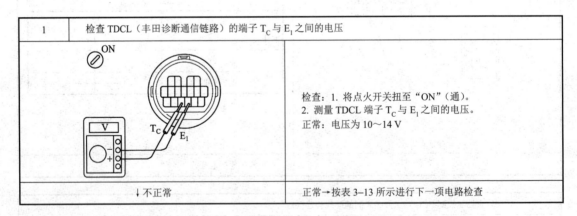

1	检查 TDCL（丰田诊断通信链路）的端子 T_C 与 E_1 之间的电压	
	     	检查：1. 将点火开关扭至"ON"（通）。 2. 测量 TDCL 端子 T_C 与 E_1 之间的电压。 正常：电压为 10～14 V
	↓不正常	正常→按表 3-13 所示进行下一项电路检查

2	检查巡航控制 ECU 与 TDCL 之间、TDCL 与车身接地之间的配线和连接器	
	↓正常	不正常→修理或更换配线或连接器

3	检查和更换巡航控制 ECU	

15. 执行器控制拉索的检查

执行器控制拉索如图 3-72 所示。

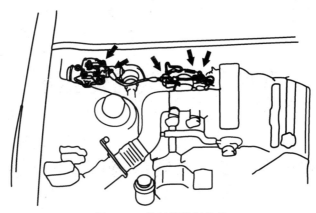

图 3-72　执行器控制拉索

（1）检查执行器、控制拉索和节气门连杆，均应安装正确，控制拉索与连杆应连接正确。

（2）检查执行器和节气门连杆应平稳工作。

（3）检查控制拉索应既不松动又不太紧。

备注：（1）如果控制拉索太松，车辆上坡时速度会损失很大。

（2）如果控制拉索太紧，怠速时的转速会很高。

第四章 安全气囊系统

第一节 安全气囊系统的基本介绍

一、安全气囊系统的作用

当汽车受到碰撞导致车速急剧变化时，安全气囊迅速膨胀，在驾驶员、乘员与车内构件之间迅速铺垫一个气垫，利用气囊排气节流的阻尼作用来吸收人体惯性力产生的动能，从而减轻人体遭受伤害的程度。

二、安全气囊系统的分类

安全气囊系统按其总体结构可分为机械式和电子式两大类。

机械式安全气囊系统不需要电源，没有电子电路和电路配线，全部零件组装在转向盘装饰盖板下面。检测碰撞动作和引爆点火剂都是利用机械装置动作来完成。最早采用机械式安全气囊的是日本丰田汽车公司。

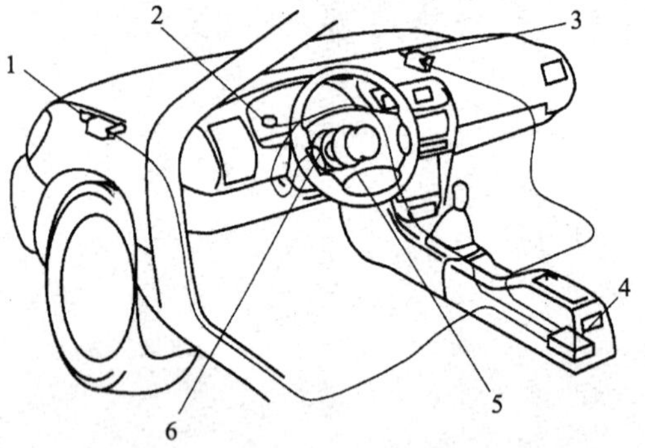

图 4-1 电子式安全气囊系统

1—左前碰撞传感器；2—指示灯；3—右前碰撞传感器；
4—电子控制单元；5—安全气囊组件；6—螺旋弹簧

电子式安全气囊系统（图 4-1）是利用传感器检测碰撞信号并传递给安全气囊电控单元，电控单元根据传感器信号并利用内部预先设置的程序不断进行数学计算和逻辑判断。当判断结果为发生碰撞时，电控单元立即发出点火指令引爆点火剂，使充气剂受热分解产生大量氮气充满安全气囊。目前汽车上广泛采用的是电子式安全气囊。

按传感器数量分类，汽车安全气囊系统分为单传感器型、双传感器型和三传感器型三种类型。

按系统的配置分类，安全气囊系统分为配安全带拉紧型和无安全带拉紧器型两类。

按所安装位置分类，安全气囊系统分为驾驶员侧安全气囊系统、乘员侧安全气囊系统、侧面安全气囊系统。

三、安全气囊系统的工作过程

波许公司在奥迪汽车上实验研究表明：在车速为 50 km/h 时与前面障壁相撞，安全气囊工作过程如图 4-2 所示，引爆时序如下：

（1）车辆碰撞 10 ms 后，安全气囊引爆器引爆，使充气剂叠氮化钠分解，产生大量的氮气，驾驶员仍保持在座椅上。

（2）20 ms 后驾驶员开始移动，但还没有到达气囊。

（3）40 ms 后气囊已经完全张开，驾驶员逐渐向前移动，安全带拉紧，人体部分冲击能量被安全带吸收。

（4）60 ms 后驾驶员已经开始沉向气囊。

（5）80 ms 后驾驶员的头部和身体上部沉向气囊。气囊的排气口打开，其中的气体在高压下匀速地溢出，以吸收人体与气囊碰撞能量。

（6）110 ms 后车速已降为 0。

（7）120 ms 后驾驶员向前移动已经达到最大距离，随后身体开始后移，回向座位。大部分气体已从气囊中逸出，前方又恢复了清晰的视野。

由此可见，气囊在碰撞过程中动作时间极短，从开始充气到完全充满约为 30 ms，从汽车遭受碰撞开始到气囊收缩为止所用时间仅为 120 ms 左右，而人的眼睛眨一下所用时间为 200 ms 左右。

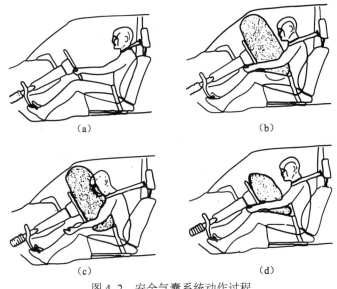

图 4-2　安全气囊系统动作过程

(a) 10 ms；(b) 40 ms；(c) 60 ms；(d) 110 ms

第二节　安全气囊系统的组成

各型汽车安全气囊采用的控制部件的结构、数量和安装位置各有不同，但其基本组成大致相同，主要由碰撞传感器、安全气囊电控单元（SRS ECU）、安全气囊系统指示灯和安全气囊组件四部分组成。

当汽车发生碰撞时，碰撞传感器将检测到的碰撞强度信号传递给安全气囊电控单元，安全气囊电控单元根据存储器内存储的数据与检测到的信号进行比较，如果确认达到了设定的强度范围，就会发送指令给气囊组件内的点火器，使其点燃可燃气体引爆气囊，从而保护驾驶员和乘员不受伤害。

当安全气囊电路系统发生故障时，安全气囊电控单元将点亮 SRS 指示灯，以提醒驾驶员需进行检修。

一、碰撞传感器

1. 碰撞传感器的作用与分类

碰撞传感器是安全气囊系统中主要的信号输入装置，其作用是在汽车发生碰撞时，由碰撞传感器检测汽车碰撞的强度信号，并将信号输入安全气囊电控单元，安全气囊电控单元根据碰撞传感器的信号来判定是否引爆充气元件使气囊充气。

碰撞传感器通常安装在左、右挡泥板上方，或驾驶室内前下部的左、右两侧，或前保险杠附近，或 SRS ECU 内部。

按所起功用不同，碰撞传感器可分为碰撞烈度（激烈程度）传感器和防护碰撞传感器两类。碰撞烈度传感器用于检测汽车遭受碰撞的激烈程度，一般安装在汽车的左前、右前、前部中央和 SRS 内部。防护传感器与碰撞传感器串联，用于防止安全气囊在非碰撞情况下产生误爆现象，一般安装在 SRS ECU 内部。

按工作原理不同，碰撞传感器可分为机电结合式碰撞传感器、电子式碰撞传感器和水银开关式碰撞传感器三种。机电结合式碰撞传感器是利用机械机构运动来控制电器触点动作，再由触点断开与闭合来控制安全气囊电路接通与切断。常用的有滚球式、滚轴式和偏心锤式碰撞传感器。

电子式碰撞传感器一般用作中心碰撞传感器，常用的有电阻应变计式和压电式碰撞传感器两类。

水银开关式碰撞传感器是利用水银导电的良好特性来控制安全气囊点火器电路接通或切断，一般用作防护传感器。

2. 碰撞传感器的结构与原理

1）滚球式碰撞传感器

滚球式碰撞传感器主要由滚球、磁铁、导缸、触点和壳体组成，如图 4-3 所示。

当传感器处于静止状态时，在磁铁的磁力作用下，导

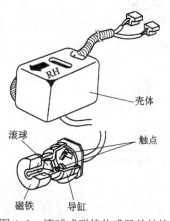

图 4-3　滚球式碰撞传感器的结构

缸内的滚球被磁铁吸引，两个触点不连通，如图 4-4（a）所示。

当汽车受到碰撞，使滚球的惯性力大于磁铁的引力时，惯性力与磁铁引力的合力就会使滚球沿着导缸向左运动，将两个触点接通，如图 4-4（b）所示。

2）滚轴式碰撞传感器

滚轴式碰撞传感器主要由止动销、滚轴、滚动触点、固定触点、底座和片状弹簧等组成，如图 4-5 所示。片状弹簧与传感器的一个引线端子连接，一端固定在底座上，另一端绕在滚轴上，滚动触点固定在滚轴部分的片状弹簧上，并可随滚轴一起转动。固定触点与片状弹簧绝缘固定在底座上，并与传感器的另一个引线端子连接。

传感器处于静止状态时，滚轴在片状弹簧的弹力作用下滚向止动销一侧，滚动触点与固定触点处于断开位置。

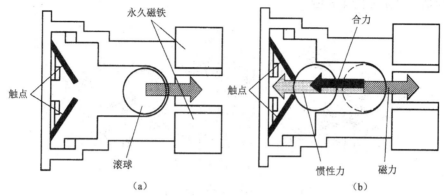

图 4-4　滚球传感器工作原理

（a）静止状态；（b）工作状态

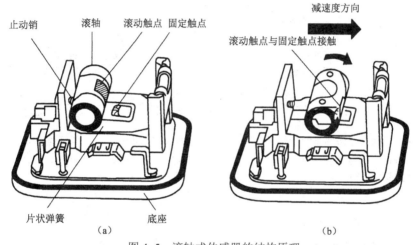

图 4-5　滚轴式传感器的结构原理

（a）静止状态；（b）工作状态

当汽车受到碰撞，使滚轴的惯性力大于片状弹簧的弹力时，滚轴向前滚动，将滚动触点与固定触点接通。

3）偏心锤式碰撞传感器

偏心锤式碰撞传感器主要由壳体、偏心锤、偏心锤臂、固定触点、转动触点等部分组成，如图 4-6 所示。在传感器外还固定有一个电阻 R，电阻 R 的功用是对系统进行自检时，检测安全气囊电控单元与前气囊碰撞传感器之间的连接导线是否断路或短路。

当传感器处于静止状态时，在复位弹簧的弹力作用下，偏心锤与挡块保持静止，转子总成处于静止状态，转动触点与固定触点处于断开状态，如图 4-7（a）所示。

当汽车受到碰撞使偏心锤的惯性力矩大于复位弹簧的弹力力矩时，转子总成转动，从而带动转动触点臂转动，使转动触点与固定触点接通，如图 4-7（b）所示。

4）水银开关式碰撞传感器

水银开关式碰撞传感器利用水银导电良好的特性制成，一般用作防护传感器。水银开关式碰撞传感器的结构如图4-8所示。

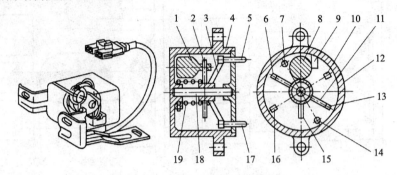

图4-6 偏心锤式碰撞传感器的结构

1，8—偏心锤；2—锤臂；3，11—转动触点臂；1，4，12—壳体；5，7，14，16，17—固定触点；6，13—转动触点；
9—挡块；10，15—固定触点；18—传感器轴；19—复位弹簧

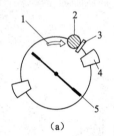 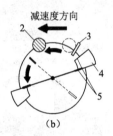 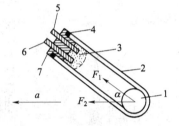

图4-7 偏心锤式碰撞传感器的工作原理

（a）静止状态；（b）工作状态

1—复位弹簧；2—偏心锤；3—挡块；

4—固定触点；5—转动触点

图4-8 水银开关式碰撞传感器的结构

1—水银（静止位置）；2—壳体；3—水银（动态位置）；4—密封位置；
5—电极（接点火器）；6—电极（接电源）；7—密封螺塞；
a—加速度方向；F_1—水银运动方向分力；F_2—水平方向分力；
α—水银运动方向与水平方向的夹角

当汽车受到碰撞时，加速度将使水银产生惯性力，惯性力在水银运动方向上的分力会将水银抛向传感器电极，使两个电极接通，从而接通气囊点火器电路的电源。

5）电阻应变计式碰撞传感器

电阻应变计式碰撞传感器主要由电子电路、电阻应变计、振动块、缓冲介质和壳体等组成。电子电路包括稳压与温度补充电路W、信号处理与放大电路A。应变计的电阻R_1、R_2、R_3、R_4制作在硅膜片上，当膜片变形时，应变电阻的阻值就会变化。

当汽车发生碰撞时，振动块振动，缓冲介质随之振动，应变电阻产生变形，阻值发生变化，经过信号处理电路处理后，传感器输出的信号电压就会发生变化。电控单元根据电压信号强弱就能判断碰撞的激烈程度。如果信号电压超过设定值，电控单元就会向点火器发出点火指令引爆点火剂，使充气剂受热分解产生气体给气囊充气。

6）压电式碰撞传感器

压电式碰撞传感器是利用压电效应制成的传感器。当汽车发生碰撞时，传感器内的压电晶体在碰撞产生的压力作用下，输出电压就会变化。电控单元根据电压信号强弱就能判断碰撞的激烈程度。如果信号电压超过设定值，电控单元就会向点火器发出点火指令引爆点火剂，使充气剂受热分解产生气体给气囊充气。

二、安全气囊电控单元

安全气囊电控单元是安全气囊系统的控制中心，其功用是接收碰撞传感器及其他各传感器输入的信号，判断是否点火引爆气囊充气，并对系统故障进行自诊断。

安全气囊电控单元还要对控制组件中关键部件的电路（如传感器电路、备用电源电路、点火电路、SRS 指示灯及其驱动电路）不断进行诊断测试，并通过 SRS 指示灯和存储在存储器中的故障代码来显示测试结果。仪表盘上的 SRS 指示灯可直接向驾驶员提供安全气囊系统的状态信息。电控单元存储器中的状态信息和故障代码可用专用仪器或通过特定方式从串行通信接口调出，以供装配检查。

三、安全气囊指示灯

安全气囊指示灯又称为 SRS 警告灯（或 SRS 警示灯）。安全气囊指示灯安装在驾驶室仪表盘面膜的下面，并在面膜表面的相应位置制作有图形或 SRS、AIR BAG 等字样表示，如图 4-9 所示。

安全气囊指示灯的功用是指示安全气囊系统功能是否处于正常状态。当点火开关接通"ON"或"ACC"位置后，如果安全气囊指示灯发亮或闪亮约 6 s（闪 6 下）后自动熄灭，表示安全气囊系统功能正常。如果安全气囊指示灯不亮、一直发亮或在汽车行驶途中突然发亮或闪亮，表示自诊断系统发现安全气囊系统有故障，应及时排除。自诊断系统在控制安全气囊指示灯发亮或闪亮的同时，还会将所

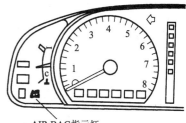

AIR BAG指示灯

图 4-9　安全气囊指示灯位置

发现的故障编成故障代码存储在存储器中。检查或排除安全气囊系统故障时，首先应用专用检测仪器或通过特定方式从诊断插座或通信接口调出故障代码，以便快速查寻与排除故障。

四、安全气囊组件

安全气囊组件由充气元件和气囊组成。

1. 驾驶员席安全气囊组件

驾驶员席安全气囊组件的结构，主要由气囊装饰盖、安全气囊、气体发生器和装在气体发生器内部的点火器等组成，如图 4-10 所示。

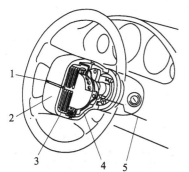

图 4-10　驾驶员席安全气囊的组成
1—饰盖撕印；2—气囊装饰盖；3—安全气囊；
4—气体发生器；5—点火器引线

1）安全气囊

安全气囊是用聚酯胶织物制成，内层涂有聚氯丁二烯，用以密闭气体。

气囊在静止状态时，是折叠在一起的，安放在气体发生器上部与气囊装饰盖之间。气囊装饰盖表面压有撕印，以便气囊充气时撕裂装饰盖。

汽车发生碰撞时，气囊一般在一次碰撞 10 ms 内开始充气。从开始充气到气囊完全膨开的整个充气时间约为 30 ms。当驾驶员在惯性力作用下压到气囊上时，气囊便从其背面或顶部的排气孔排气，持续时间不到 1 s，从而

吸收驾驶员与气囊碰撞的动能，使人体免受伤害。

2）气体发生器

气体发生器的作用是点火器引爆点火剂时，产生气体并向安全气囊充气，使气囊膨开。气体发生器由上盖、下盖、充气剂和金属滤网等组成，如图4-11所示。

充气剂一般采用叠氮化钠片状合剂（有剧毒）。在点火器引爆点火剂瞬间，点火剂会产生大量热量，叠氮化纳受热分解释放氮气，并从充气孔充入气囊。

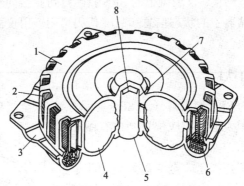

图4-11　气体发生器的结构

1—上盖；2—充气孔；3—下盖；4—充气剂；5—点火器药筒；6—金属滤网；7—电热丝；8—引爆炸药

3）点火器

点火器的作用是引爆点火剂，产生热量使充气剂分解。点火器主要由引爆炸药、药筒、引药、电热丝、电极和引线等组成，如图4-12所示。

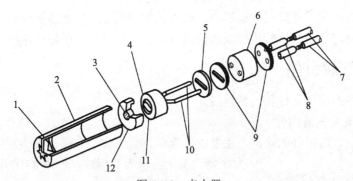

图4-12　点火器

1—引爆炸药；2—药筒；3—引药；4—电热丝；5—陶瓷片；6—永久磁铁；7—引线；
8—绝缘套管；9—绝缘垫片；10—电极；11—电热头；12—药托

当安全气囊电控单元发出点火指令时，电热丝电路接通，电热丝迅速红热引爆引药，引爆炸药瞬间爆炸，使充气剂受热分解释放氮气充入安全气囊。

2. 乘员席安全气囊组件

前排乘员席安全气囊组件安装在手套箱与仪表台之间，其组成与原理基本相同，仅结构不同。

1）安全气囊

乘员席安全气囊用专用螺栓安装在气囊组件支架上，其体积约为驾驶员席气囊体积的3倍。

2）气体发生器

图 4-13 所示为乘员席气囊组件的气体发生器结构。

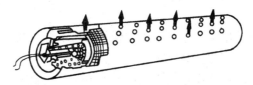

图 4-13 乘员席气囊组件的气体发生器结构

第三节 安全气囊系统的维护与故障诊断

一、安全气囊系统自诊断

以丰田安全气囊系统自诊断为例进行介绍。

1. 读取故障代码

（1）打开点火开关。

（2）用跨接线跨接丰田诊断通信接口 TDCL，检查接线端 T_C 和 E_1，如图 4-14 所示。

（3）根据指示灯读取故障代码。读码后，断开接线端 T_C 或 E_1。

2. 清除 41 以外的故障代码

修复完成后，关闭点火开关，取下熔断器内的 ECU-B 熔断器 10 s 以上，即可清除故障代码。

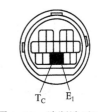

图 4-14 诊断端子示意图

3. 清除故障代码 41

（1）用跨接线跨接丰田诊断通信接口 TDCL，检查接线端 T_C 和 AB。

（2）将点火开关转到"ON"或"ACC"位置并等待 6 s 以上时间。

（3）首先将连接飞端子的跨接线端子搭铁（1.0 ± 0.5）s，然后离开搭铁位置，并在 T_C 端子离开搭铁位置后 0.2 s 之内，将连接 AB 端子搭铁（1.0 ± 0.5）s。

（4）在将 AB 端子离开搭铁位置之前 0.2 s 内，将 T_C 端子第二次搭铁（1.0 ± 0.5）s。

（5）在将 T_C 端子离开搭铁位置之前 0.2 s 内，将 AB 端子第二次搭铁（1.0 ± 0.5）s。

（6）在将 AB 端子第二次离开搭铁位置之前 0.2 s 内，将飞端子第三次搭铁（1.0 ± 0.5）s。

（7）在将飞端子第三次搭铁 0.2 s 内，将 AB 端子离开搭铁位置，并将 T_C 端子保持搭铁，AB 端子保持离开搭铁位置直到数秒后，安全气囊指示灯以发亮 64 ms、熄灭 64 ms 的闪烁周期闪烁时，故障代码 41 即被清除，此时再将 T_C 端子离开搭铁部位。

二、安全气囊的维护

1. 安全气囊系统的正确使用

（1）安全气囊系统应配合安全带使用。

（2）安全气囊系统不得带故障运行。

（3）对安全气囊传感器不能进行人为冲击试验。

（4）安全气囊系统的气囊保存要严格按规定执行。

2. 注意事项

（1）安全气囊组件要采用原厂包装，用货仓装运，不得与其他危险品一起运输。

（2）安全气囊组件的检查与拆装需由专业人员承担。

（3）对安全气囊系统的任何作业均应先摘下蓄电池电缆，等 30 s 以上，等待控制块中的电容完全放电后再进行，以免造成气囊误爆。

（4）安全气囊系统的部件不得受到 85 ℃以上的高温。

（5）安全气囊组件要避免受到碰撞和振动。

（6）对安全气囊系统的电气测试要在系统安装好后才可进行，禁止用万用表测量气囊点火器的电阻，以免造成气囊误爆。

（7）不得擅自改动安全气囊系统的线路和元件。

（8）不得在转向盘和乘员侧气囊部位粘贴任何装饰物或胶条。

3. 解除与复原

对安全气囊系统进行检查和更换元件的作业之前，必须对系统进行解除处理，以避免发生气囊的误爆事故。解除驾驶员侧气囊按（1）、（2）、（3）、（4）步骤进行，解除乘员侧气囊按（1）、（5）、（6）、（7）步骤进行。

（1）摘下蓄电池负极电缆。

（2）拆卸气囊组件与转向盘的紧固螺母。

（3）摘下驾驶员侧气囊组件连接器。

（4）短接时钟弹簧接气囊组件的线端，使系统仍保留有自诊断功能。

（5）打开手套盒并完全翻下来。

（6）摘下乘员侧气囊连接器。

（7）短接线束侧的气囊线端。

（8）重新接上蓄电池负极电缆。

完成检查与修理后，按如下程序进行系统复原：

（1）摘下蓄电池电缆。

（2）除去时钟弹簧的跨接线，接上驾驶员侧气囊连接器。

（3）按保养手册的说明将驾驶员侧气囊装到转向盘上，调准位置并加以固定。

（4）除去连接器上的跨接线。

（5）接上乘员侧气囊连接器，合上手套盒。

（6）接上蓄电池负极电缆。

（7）查验保养提示灯工作是否正常。

4. 安全气囊系统的检修要点

（1）排除安全气囊系统故障时，在拆下蓄电池搭铁线之前，一定要首先读取故障代码。

（2）进行具体的维修作业之前，应先将点火开关转至"LOCK"位置，并拆下蓄电池负极搭铁线。然后，再等待至少 90 s 才可进行维修操作。否则，可能导致安全气囊的意外张开。

（3）拆下蓄电池负极搭铁线会清除时钟和音响系统的记忆。因此，在拆下蓄电池负极搭铁线之前，除了读出故障代码外，还应记录音响系统的记忆内容。在完成维修作业后，再将音响系统设定为以前的状态，并调整时钟。

（4）在轻微碰撞之后，即使气囊并未张开，也应对转向盘衬垫、前乘员安全气囊和安全气囊传感器总成进行检查。

（5）千万不要使用从其他车辆上拆下的 SRS 系统部件。需要更换部件时，应换新件。

（6）如果修理期间可能会使传感器受到振动，在修理之前应拆下安全气囊传感器。

（7）千万不要为了重新使用而去分解和修理转向盘衬垫、前乘员安全气囊总成和安全气囊传感器总成。

（8）如果转向盘衬垫、前乘员安全气囊总成和安全气囊传感器总成掉到地上，或在外壳、支架或插接器上有裂纹、压痕或其他损伤，应更换新件。

（9）不要将转向盘衬垫、前乘员安全气囊总成和安全气囊传感器总成直接置于热空气或火焰中。

（10）排除安全气囊系统电路故障时，应使用高阻抗电压/欧姆表。

（11）为了与其他系统的插接器相区别并引起注意，安全气囊系统的插接器均为黄色。

（12）安全气囊系统部件的周围贴有信息标签。操作时，应注意遵守上面的说明。

三、安全气囊的报废处置

当报废装有 SRS 系统的车辆，或者报废前乘员安全气囊总成时，应始终按照下述操作程序，将安全气囊张开。如果安全气囊的张开出现异常，应与维修服务机构取得联系，千万不可丢弃没有张开的前乘员安全气囊总成。

1. 安全气囊张开注意事项

（1）安全气囊张开时，会产生极大的响声。因此，安全气囊的张开应在室外并且不会对居民造成公害的地方进行。

（2）张开安全气囊时，应始终使用规定的专用维修工具，应在无电磁干扰的地方进行。

（3）张开安全气囊时，应在距离前乘员安全气囊总成至少 10 m 的地方进行操作。

（4）安全气囊张开后，前乘员安全气囊总成非常热。因此，在张开后至少 30 min 内不要碰它。

（5）当处理已经张开的前乘员安全气囊总成时，应戴手套和护目镜。操作完成后，应用水洗手。

（6）不要往已经张开的前乘员安全气囊总成上淋水。

2. 报废装有乘员气囊的汽车时的处理程序

（1）准备一块蓄电池，将其作为张开安全气囊的电源。

（2）验证专用维修工具 SST 的功能。

（3）拆卸手套箱门，拔开安全气囊插接器。

（4）安装专用维修工具 SST。

① 将 SST 插接器连接到前乘员安全气囊总成插接器上，如图 4-15 所示。注意：为了避

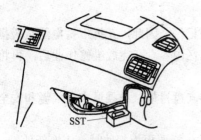

图 4-15　将 SST 插接器连接到前
乘员安全气囊总成插接器上

免 SST 插接器和线束的损坏，不要锁上双锁机构的第二道锁。

② 移开 SST，使其距离前乘员安全气囊总成至少 10 m 远。

③ 关闭所有车门和车窗。注意不要损坏 SST 线束。

（5）将 SST 的红色线夹连接到蓄电池的正极桩上；而将 SST 的黑色线夹连接到蓄电池的负极桩上，如图 4-16 所示。

（6）张开安全气囊。

① 证实车内和汽车周围的 10 m 范围内的确无人。

② 按下 SST 的执行开关，张开安全气囊。在 SST 执行开关的 LED 灯点亮时，安全气囊同时张开，如图 4-17 所示。

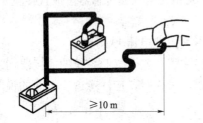

图 4-16　将 SST 与蓄电池相连

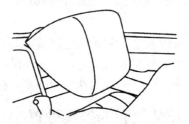

图 4-17　张开的安全气囊

（7）前乘员安全气囊总成的处理。

① 安全气囊张开后，前乘员安全气囊总成非常热。因此，张开后至少 30 min 内不要碰它。

② 处理已经张开的前乘员安全气囊总成时，应戴手套和护目镜。

③ 不要往已经张开的前乘员安全气囊总成上洒水。

④ 操作完成后，应用水洗手。报废汽车时，应先张开安全气囊，再将装有乘员安全气囊总成的汽车报废。

3. 仅报废前乘员安全气囊总成时的处理程序

1）报废前乘员安全气囊总成时应注意的问题

（1）当仅报废前乘员安全气囊总成时，千万不要在车上张开安全气囊。

（2）应将前乘员安全气囊总成从车上拆下，将气囊张开。

（3）张开安全气囊应使用蓄电池作为电源。

2）报废前乘员安全气囊总成时的处理程序

（1）拆卸前乘员安全气囊总成。

① 拆卸前乘员安全气囊总成时，必须在将点火开关转至"LOCK"位和将蓄电池负极搭铁线从蓄电池上拆下之后停 90 s 以上，方可进行操作。

② 存放前乘员安全气囊总成时，应使前乘员安全气囊总成的上面朝上，即气囊张开的方向朝上。

（2）将前乘员安全气囊总成固定到轮胎上。

① 将两个带有垫圈的螺栓安装在前乘员安全气囊总成的两个螺栓孔中，如图 4-18 所示。

a. 拧紧螺栓直到螺栓很难转动为止。

b. 不要将螺栓拧得过紧。

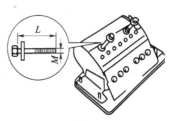

图 4-18　固定安全气囊

② 用一根截面积等于或大于 1.25 mm² 汽车用的维修线束，将前乘员安全气囊总成绑到轮胎上。如果用太细的线束捆绑前乘员安全气囊总成，安全气囊张开时产生的冲击力会将其拉断，这将是非常危险的。应始终使用截面积为 1.25 mm² 的线束。

a. 将线束缠绕在螺栓上，如图 4-19 所示。

b. 将前乘员安全气囊总成放入轮胎内，应使安全气囊张开的方向朝里，如图 4-20 所示。

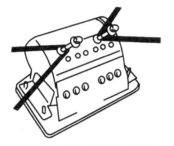

图 4-19　将线束缠绕在螺栓上

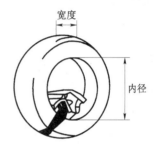

图 4-20　将安全气囊固定到轮胎上

应确保将线束拉紧。如果线束松弛，当安全气囊张开时，所产生的冲击力会使安全气囊总成运动，这是非常危险的。

捆绑前乘员安全气囊总成，应使安全气囊装饰门朝向轮胎内侧。安全气囊的张开会使轮胎受到冲击，因此，应使用废弃的轮胎。

（3）验证 SST 的功能。

（4）堆放轮胎。

① 如图 4-21 所示，在固定有前乘员安全气囊总成的轮胎下面至少放两个轮胎，在固定有前乘员安全气囊总成的轮胎上面也至少放两个轮胎。最上面的轮胎应带有轮辋。

② 用两根线束将轮胎绑在一起，如图 4-22 所示。

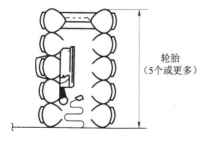

图 4-21　轮胎的堆放

图 4-22　将轮胎捆绑在一起

（5）安装 SST。

如图 4-23 所示，将专用工具 SST 的插接器连接到前乘员安全气囊总成插接器上。注意：

不要损坏 SST 插接器和线束，不要锁上双锁止机构的第二道锁。

图 4-23　安装 SST

（6）张开安全气囊。

① 将 SST 的红色线夹连接到蓄电池的正极柱上，将黑色线夹连接到蓄电池的负极柱上。

② 确保捆绑有前乘员安全气囊总成的轮胎周围 10 m 范围内无人。

③ 按下 SST 执行开关，使安全气囊张开。在 SST 执行开关的 LED 指示灯点亮时，安全气囊同时张开。

（7）前乘员安全气囊总成的丢弃处理。

① 从轮胎上拆卸前乘员安全气囊总成。

② 将前乘员安全气囊总成装入乙烯塑料袋中，紧紧地扎住袋口，并用与其他的一般部件一样的方法予以处理。

第五章　电子控制动力转向系统

一般来说，车速越低转向操纵越重，若采用固定的助力倍数，低速下当转向操纵力减小到比较理想的程度时，则可能导致高速下操纵力过小、手感操纵力不明显、转向不稳定。反之，如果加大高速转向时的操纵力，则低速转向时的操纵力又过大。为了实现在各种转速下转向的操纵力都是最佳值，电子控制动力转向系统是最好的选择。它不但可以随行驶条件及时调整转向助力倍数，而且在结构上也远比液力和气力式动力转向系统轻巧简便，特别适合小轿车。

电子控制动力转向系统，一般可分为电动式动力转向系统、电子-液力式转向系统、电动-液力式转向系统三种。

第一节　电动式动力转向系统

电动式动力转向系统主要用于轻型汽车，原因是轻型汽车发动机室自由空间狭小，其转向柱动力要求不大。

一、构造

电动式动力转向系统主要由转向柱组件、电动机组件与控制系统等构成。图 5-1 所示为电动式动力转向系统。

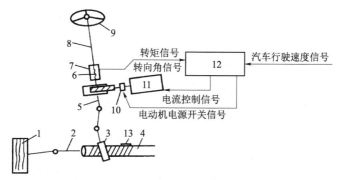

图 5-1　电动式动力转向系统

1—转向车轮；2—横拉杆；3—小齿轮；4—齿条；5—输出轴；6—扭杆；7—转矩传感器；8—转向输入轴；
9—转向盘；10—电磁离合器；11—电动机；12—ECU；13—转角传感器

（1）转向柱组件：转向柱动力由直流电动机产生，直流电动机安装在转向柱上。图 5-2 所示为转向柱与直流电动机。图 5-3 所示为转向助力器的构造。

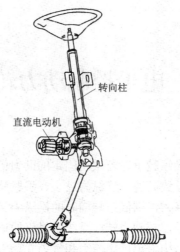

图 5-2 转向柱与直流电动机

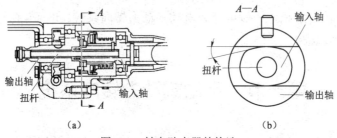

图 5-3 转向助力器的构造

转向助力器由转向盘侧输入轴、齿轮箱侧输出轴以及扭杆所构成。当操纵转向盘时，扭杆轻微扭转，在输出轴与输入轴之间将产生滑动。同时，即使扭杆损伤时，由于设有手动锁销，也不会导致不能转向。

（2）电动机组件：设置在转向柱上的电动机组件，由蜗轮、电磁离合器、直流电动机构成。图 5-4 所示为电动机组件。

蜗轮与固定在转向柱输出轴上的斜齿轮相啮合，它把电动机的驱动力减速增矩后传递到输出轴上。电磁离合器介于减速器与电动机之间，当离合器断电时，不能把电动机的驱动力传递给输出轴，此时手动转向发生作用。

（3）控制系统：由转向传感器、车速传感器、信号控制器等构成。图 5-5 所示为转向传感器的构造。转向传感器由电位计、集成电路 IC 部分、电流信号输出部分构成。

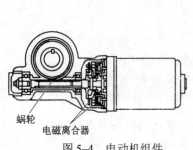

图 5-4 电动机组件

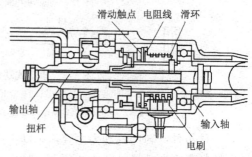

图 5-5 转向传感器的构造

电位计实质上是一个滑动可变电阻器，其滑动触点固定在输出轴上，电阻线（滑动部分）固定在输入轴上。当操纵转向盘时，滑动触点在电阻线上边滑动边移动，电位计的电阻值随之发生变化。这种电阻值的变化可转换成电压值的变化，经过集成电路 IC 处理最终以电流变化的形式，从滑环与电刷构成的电流信号中输出，把转向盘操纵信号送到计算机中。

从该电流输出信号可以判断出转向盘回转方向，即在设定值以上为向右旋回，在设定值以下为向左旋回，并以此来决定电动机的回转方向。

车速传感器置于速度表内，可用数字信号输入车速状态。转向电动机的电流是流向电动机的驱动电流，它可作为监视电动机反转或异常状态的信号。发电机的电压可作为检查蓄电池充电状态的信号，以交流发电机 L 端子电压为输入信号。

发动机回转信号是检查车速传感器状态的信号，从点火线圈端子处输入信号。

信号控制器从各个传感器处接收输入信号，并且可判断转向柱动力的大小与方向，向电动机发出驱动指令。它是一台计算机，一般安装在驾驶席下方。

二、工作原理

当操纵转向盘时，装在转向盘上的转向传感器不断检测出转向轴上的转矩信号，该信号与车速传感器信号同时输入信号控制器中，信号控制器根据这些输入信号决定驱动电动机的回转力与回转方向，即选定电动机的电流和转向，调整转向辅助动力的大小。电动机的转矩由电磁离合器通过减速机构减速增扭后，加在汽车的转向机构上，使之得到一个与汽车工况相适应的转向作用力。

当车速为 0～45 km/h 时，根据车速决定转向助动力的大小。当系统发生异常时，安全保障机能将发挥作用，切断电动机与电磁离合器电源，转为手动转向状态。根据需要，在控制系统中也可设置故障自诊断系统。

三、使用实例

图 5-5 所示为电动式动力转向系统。

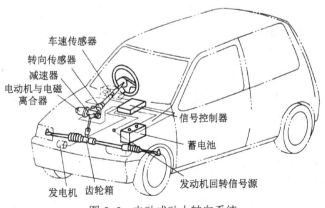

图 5-5　电动式动力转向系统

第二节　电子–液力式转向系统

电子–液力式转向系统可通过控制电磁阀的动作使动力转向液压控制回路根据车速变化，在低速时操纵力减轻，在中低速以上操纵力随手感变化。

图 5-6 所示为电子–液力式转向系统的构造，主要由油泵、电磁阀、分流阀、动力缸、齿轮箱与控制阀以及车速传感器和电子控制单元等构成。

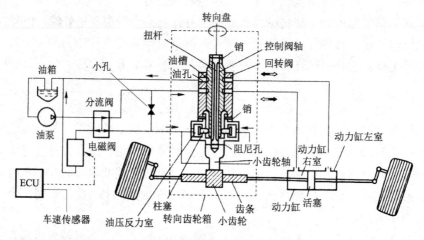

图 5-6　电子–液力式动力转向系统的构造

一、构造

（1）转向齿轮箱：扭杆上端与控制阀轴、下端与小齿轮轴用销连接，小齿轮轴上端用销与回转阀连接，转向盘通过转向轴与控制阀轴连接。因此，转向盘回转力可通过扭杆与控制阀轴传递到小齿轮。

当扭杆受到转矩作用时，控制阀与回转阀相应发生回转运动，并使各种油孔连通状态发生变化，可控制动力缸的油压流量，变化动力缸左、右室油路通道。在油压反力室受到高压作用时，柱塞将推动控制阀轴。此时，扭杆即使受到转矩作用，由于柱塞推力的影响，也会抑制控制阀轴与回转阀的相对回转。

（2）分流阀：分流阀的作用是将油泵输出的动力油，分流至回转阀与电磁阀两侧。即使回转阀与电磁阀侧的油压变化，分流阀也可以根据车速与转向状态变化，向电磁阀侧供给一定流量油液。

（3）电磁阀：电磁阀由滑阀、电磁线圈、油路通道等构成。

电磁阀油路的阻尼面积，可随电磁线圈通电电流占空比（通断比）变化。当通电电流大时，滑阀被吸引，油路的阻尼增大，流向油箱的回流量增加。当车速低时，通电电流大，阻尼大，油液将流回油箱，随着车速升高，电流减小，油液回流量也减小。

二、工作原理

电子-液力式转向系统具有三种控制状态。ECU 根据车速传感器信号判断出车辆停止、低速状态与中高速状态，控制电磁阀通电电流。

（1）停车与低速状态：由于向电磁阀通电电流大，经分流阀分流的油液通过电磁阀回流油箱，故柱塞受到的背压（油压反力室压力）小。因此，柱塞推动控制阀柱的力小，转向盘回转力可在扭杆处产生较大转矩。回转阀被固定在小齿轮轴上，控制阀随扭杆扭转作用相应回转，使两阀油孔连通，油泵输出油压作用到动力缸右室（或左室），使功率活塞左移（或右移），产生转向助动力。

（2）中高速直行状态：当车辆直行时，转向偏摆角小。扭杆相对转矩小，回转阀与控制阀连通的油孔开度减小，回转阀侧压力升高。由于分流阀的作用，电磁阀侧油量增加。同时，随着车速升高，通电电流减小，电磁阀阻尼减小。油压反力室的反力增大，使柱塞推动控制阀轴力增大。这样，转向力增加了扭杆的转矩作用，柱塞产生的反力使手感增强。

（3）中高速转向状态：当从存在油压反力的中高速直行状态转向时，扭杆的扭转角更加减小，回转阀与控制阀连通油孔的开度更加减小，使回转阀侧油压进一步升高。随着油压上升，将从固定阻尼孔向油压反力室供给油液。使从分流阀向油压反力室供给一定流量油液，增加了从固定阻尼孔侧供给的油液，导致柱塞推力进一步增强。这样，转向力将随转向角的变化增大，从而在高速时获得稳定的转向控制。

第三节　电动-液力式转向系统

电动-液力式转向系统是以电动机驱动油泵实现动力转向的装置。

一、构造

该系统由电动机-油泵组件、转向传感器、动力转向齿轮箱、信号控制器与功率控制器等构成，如图 5-7 所示。

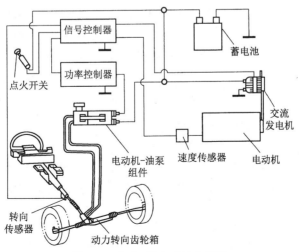

图 5-7　电动-液力式转向系统

1. 电动机–油泵组件

电动机–油泵组件与电子燃油喷射系统采用的电动燃油泵结构相同，如图 5-8 所示。

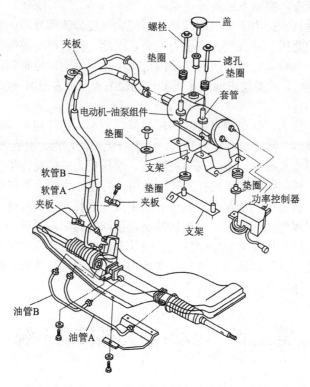

图 5-8　电动–液力式转向系统的构造

2. 转向齿轮箱

转向齿轮箱与一般动力转向齿轮箱结构大体相同。

3. 控制系统

在信号控制器（CPU）内，已存储有根据试验获得的不同运行工况下的控制方法，从而可从传感器输入信号判定行驶状况，计算出应向电动机提供的驱动电流，向功率控制器发出驱动信号。同时，当控制系统异常时，可向驾驶员发出警报信号，并使安全保障机能发挥作用，确保转向操作处于正常状态。

信号控制器安装在后行李舱内，如图 5-9 所示。功率控制器接收信号控制器指令，调整油泵驱动电动机的供给电流，实现对系统油压的控制。

转向传感器可以把转向盘的转动状况转换为电信号，并输出到信号控制器。图 5-10 所示为该传感器安装位置，转向传感器安装在转向柱下端，其内部有光电耦合器。

电动–液力式转向系统使用普通动力转向系统用动力油，要求其低温流动性好。

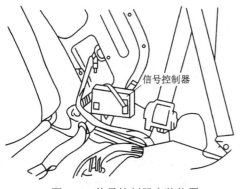

图 5-9　信号控制器安装位置

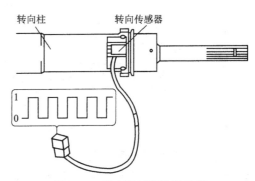

图 5-10　转向传感器安装位置

二、工作原理

电动-液力式转向系统采用车速感应式控制方式，其转向助力随车速提高而减小。同时，根据运行道路条件，设计了不同控制模式。可根据 20 s 内的平均车速与平均转向盘转角判定车辆当前运行道路条件。变换控制模式最多需要 1.1 s，可避免助力的急剧变化，运行道路条件与助力的关系如表 5-1 所示。

表 5-1　运行道路条件与助力的关系

道路条件	车速	转向盘转角	非控制状态转向力特性	助力控制程度
市区街道	低	少一多	速度低导致平均转向力大	100%
郊区街道	中	少	适当	较市区街道小
弯曲路段	中	中一多	转向盘角度大导致转向力大	较郊区街道小
高速公路	高	少	轻	助力最小

控制系统具有自诊断与安全保障功能。当控制系统发生异常时，组合仪表板上的报警指示灯亮，向驾驶员发出警告，如图 5-11 所示。安全保障功能由后备系统实行，电动机驱动电流大于 100 A，且持续 10 s 以上，电源电压低于 9 V 且持续 1 s 以上，后备系统都将进入工作状态，确保车辆仍然保持基本运行状态。

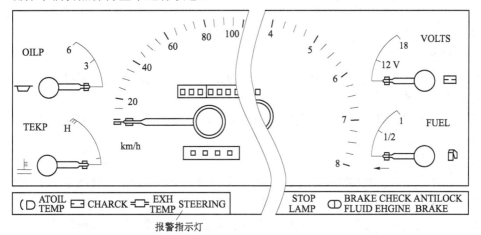

图 5-11　报警指示灯

第六章　汽车防盗系统

　　汽车防盗系统的主要作用是防止汽车本身或车上物品被盗所设的系统，早期的防盗装置主要用于控制门锁、门窗、起动器、制动器和切断供油等联锁机构，以及为防盗贼拆卸零件而设计的专门套筒扳手。

　　随着科技的发展，汽车防盗装置日趋严密和完善，主要是进行整车的防护，并不断推出新产品。目前汽车防盗装置已经由初期的机械控制，发展成为电子密码、遥控呼救和信息报警等。如意大利跳码式发射的数码能有效对付电子扫描仪，防止密码外泄。澳大利亚生产的一种防盗遥控装置，储存有 900 万个密码。日本研制的汽车报警遥控装置，当汽车被盗时，车内的报警器会立即通知驾驶员随身携带的报警器，同时还闪动呼救信号。

　　我国汽车防盗措施也正在迅速发展，许多单位正积极努力研制新型汽车防盗装置。例如，已研制成功的一种无线遥控汽车防盗系统，采用国际先进的电子密码技术，具有 2 000 万个不重复的编码程序，通过遥控起到防盗、防劫，同时还具有遥控熄火及 BP 机报警等功能。随着交通公路网络的发展，CAS 防盗系统出现，它由报警发射、网络接收、监控中心三部分组成。监控中心对入网的车辆实行不停止监测服务，当发生盗窃时，CAS 系统能在 15 s 内将移动目标的报警信息传给监控中心，监控中心的电子地图上准确地显示出案件发生地点、时间、移动方向以及有关车辆的牌照、颜色等信息，再传到"110"指挥中心。

第一节　汽车防盗系统概述

一、汽车防盗器的类型

目前防盗器按其结构可分机械式、电子式和网络式等。

1. 机械式防盗器

机械式防盗器采用机械的方式来达到防盗的目的，常见的机械式防盗器有：

（1）方向盘锁。

使用时，主要是将方向盘与制动脚踏板连接一起，使其不能做大角度转向或制动。有的方向盘锁直接使方向盘不能正常使用。

（2）变速器锁。

通常在停车后，把换挡杆推回 P 或 1 挡位置，加上变速器锁，可使汽车不能换挡。

方向盘锁和变速器锁、钩锁等这些机械式防盗器，它主要是靠锁定离合器、制动器、油门或转向盘、变速杆来达到防盗的目的，但只能防盗不能报警。机械式防盗锁靠坚固的金属结构锁住汽车的操纵部位。但它使用起来不隐蔽，且占用驾驶室空间，每次开、停车都要用钥匙开启。由于优质的机械防盗锁用材非常坚硬不易被锯断，而汽车的方向盘及挂挡杆则是普通钢材，因此盗贼可在方向盘上锯开一个缺口，把方向盘扭曲后，就可以将方向盘上的锁完好地取下来。

2. 电子式防盗器

电子防盗器（也称微电脑汽车防盗器），是目前使用最广泛的类型，有插片式、按键式和遥控式等电子防盗器。它主要是靠锁定点火或起动来达到防盗的目的，同时具有声音报警功能。这种防盗器共有 4 种功能：一是服务功能，包括遥控车门、遥控起动、寻车和阻吓窃贼等作用；二是警惕提示功能，具有触发报警记录（提示车辆曾被人打开过车门）；三是报警提示功能，即当有人动车时发出警报；四是防盗功能，即当防盗器处于警戒状态时，切断汽车上的起动电路，使汽车无法起动。该类防盗器安装隐蔽，功能齐全，无线遥控，操作简便，但需要靠良好的安装技术和完善的售后服务来保证。由于这类电子防盗报警器的使用频率普遍被限定在 300～350 MHz 的业余频段上，而这个频段的电磁波干扰源又多，电波、雷电和工业电焊等都会干扰它而产生误报警。

（1）遥控式汽车防盗器的特点。

遥控式汽车防盗器是随着电子技术的进步而发展起来的，是市场上推广普及最为广泛的一种防盗器。它的特点是遥控防盗器的全部功能可靠方便，可带有振动侦测、门控保护及微波或红外探头等功能。随着市场对防盗器要求的不断提高，遥控式汽车防盗器还增加了许多方便使用的附加功能，如遥控中控门锁、遥控送放冷暖风、遥控电动门窗及遥控开启行李厢等功能。

（2）遥控式汽车防盗器的主要构造。

一套完整的遥控式汽车防盗器应由下面几部分组成：

① 主机部分：它是防盗器的核心和控制中心。

② 感应侦测部分：它可由感应器或探头组成，目前普遍使用的是振荡感应器，微波及红外探头应用较少。

③ 门控部分：包括前盖开关、门开关及行李厢开关等。

④ 报警部分：喇叭。

⑤ 配线部分。

⑥ 其他部分：包括不干胶、螺钉及继电器等配件和使用说明书及安装配线图等。

同移动电话的工作原理相同，遥控式汽车防盗器的遥控器、发射机与防盗主机系统之间除了要有相同的发射和接收频率之外，还要有密码才能相互识别。防盗器的密码是一组由不同方式组合的数据，是防盗器的一把钥匙。它一方面记载着防盗器的身份资料（身份码），区别各个防盗器的不同；另一方面，它又内含防盗的功能指令资料（资料码或指令码），负责开启或关闭防盗器，控制完成防盗器的一切功能。换句话说，有了这组密码，也就掌握了开启防盗器的钥匙。

（3）遥控式汽车防盗器的主要类型（依密码发射方式的不同区分）：

早期遥控式防盗器多采用定码方式，但由于其自身缺点，现已逐渐被技术上较为先进、防盗效果较好的跳码防盗器所取代。

① 定码防盗器（定码式）。

早期的遥控式防盗器是主机与遥控器各有一组相同的密码，遥控器发射密码，主机接收密码，从而完成防盗器的各种功能。这种密码发射方式称为第一代固定码发射方式（简称定码发射方式）。定码发射方式在汽车防盗器中的应用并不普及，当防盗器用量不多即处于一个防盗器初期应用阶段时，其防盗器的安全性和可靠性还有保证。但当防盗器进入大量使用时期时，定码方式就显得既不可靠又不安全。其密码量少，容易出现重复码，即发生一个遥控器控制多部车辆的现象。遥控器丢失后，若单独更换遥控器极不安全，除非连同主机一起更换，但费用过高。安全性差，密码易被复印或盗取，从而使车辆被盗。

② 跳码防盗器（跳码式）。

定码防盗器长期以来一直存在密码量少、容易出现重复码，且密码极易被复制盗取等缺点。现已推出密码学习式跳码防盗器。遥控器的密码除了身份码和指令码外，又多了一个跳码部分。跳码就是密码按一定的编码函数，每发射一次，密码随即变化一次，密码不会被轻易复制或盗取，安全性极高。密码组合有上亿组，根本杜绝了重复码。主机无密码，主机通过学习遥控器之间的相互识别。若遥控器丢失，可安全且低成本地更换遥控器。

3. 网络式防盗系统

该类汽车防盗系统分为卫星定位跟踪系统（简称 GPS）和利用车载台（对讲机）通过中央控制中心定位监控系统。GPS 卫星定位汽车防盗系统属于网络式防盗器，它主要靠锁定点火或起动来达到防盗的目的，而同时还可通过 GPS 卫星定位系统（或其他网络系统），将报警信息和报警车辆所在位置传送到报警中心。这种电子跟踪定位监控防盗系统在技术上来讲是可靠的，但效果不尽人意。这些系统构成的网络除了需要消除盲区（少数接收不到信号的地区），还需靠政府的支持和社会各方面的配合，以及完善的配套设施等。

二、典型汽车防盗系统功能

1. 点火控制型防盗器

这种防盗器主要采用控制点火装置的模块，对点火系统进行控制，在车主离开汽车并打开防盗系统后，如有人非法进入车内，并试图用非法配制的点火钥匙起动车辆，这时，点火电路受控制模块防盗装置的作用，拒绝提供发动机运转所需的点火功能，同时也可防止点火开关的线路接通，并通过音响报警装置向车主或车场保管人员通报。

现在很多汽车厂商在防盗系统的开发研制中，也是绞尽脑汁，花样层出不穷。但主要还是采用在发动机 ECU 中设置防盗功能，并且在点火钥匙中置入一块带有起动密码的微电子芯片，在起动时，发动机 ECU 将会对点火钥匙的密码进行认证，认可后方能起动。这种装置可有效地防止私配点火钥匙盗车。钥匙一般是在汽车出厂时就已配备，其性能良好，且对电路和控制装置无电波信号干扰。

还有一种防盗器是用特殊的材料制成盒状，将汽车的点火器安装在内，并设置一个错误点火线路模块和开关电路，在开关钥匙上置入密码芯片，一旦密码交流认证不符，就会进入错误模式，使发动机无法起动。这种盒状防盗器在锁止后，除使用密码开关钥匙外无法打开，且有很强的防撬、防钻、防砸功能，在发动机起动后，就可取下开关钥匙。一旦车辆被抢，劫犯在抢劫车辆后，不能熄火，熄火后就无法再次起动。不但具备防盗功能，同时还具备防抢劫功能。

2. 油路防盗系统

其基本原理与点火控制防盗系统相似，在汽车的油路中安装一套装置，控制供油系统，只要该系统进入工作状态，有人想要偷车，发动机供油系统将会拒绝提供所需燃油，启动防盗功能。

第二节　汽车防盗系统的组成

一、汽车防盗系统的组成

汽车防盗系统主要由信号输入装置、防盗控制中心和执行元件等三部分组成，如图 6-1 所示。

1. 信号输入装置

信号输入装置有门锁开关、门锁电动机位置开关、门锁钥匙开关、门控（灯）开关、发动机盖开关、行李厢开关、振荡感应器、微波及红外探头、遥控器、电子点火钥匙等，这些装置为防盗系统提供信号用于防盗起动或解除，还能起动防盗报警装置。

（1）开关。各种开关的工作状态有打开和闭合两种，它们是决定防盗功能能否起动的必要条件。

（2）遥控器或电子点火钥匙。在防盗系统工作基本条件具备后，利用遥控器或电子点火钥匙发出的微波或无线电波对防盗系统进行设置/解除操作。防盗系统于是进入防盗（或解除）工作状态。遥控器、接收器与 ECU 之间的关系如图 6-2 所示。在遥控器和电子点火钥匙内部都设有密码，通过驾车员的按键操作，它能读出存储在存储器中的功能代码和身份鉴定代码（固定代码+可变代码），经信号调制处理后转为红外线或无线电波的遥控信号（遥控器发射部分采用微波/红外线系统）发射。驾车员利用手持遥控器将密码信号发向停车位置，防盗 ECU 通过接收天线（可用后窗玻璃上的天线、车门上的专用天线或共用音响电动天线）将密码信号接收，然后经过防盗 ECU 解调、识别来确定是否进行开启/锁止门锁或者起动发动机。驾车员进入车内后，再将电子钥匙放入点火锁内，电子钥匙将内置密码发至控制电路中的接收线圈，产生电感耦合令电路和油路启动，使汽车得以运行。

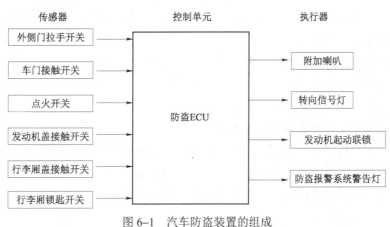

图 6-1　汽车防盗装置的组成

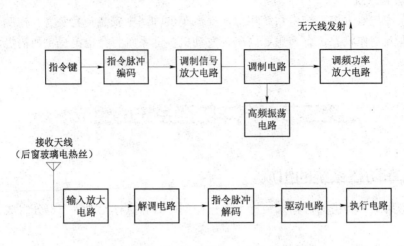

图 6-2　遥控器、接收器与 ECU 之间的关系

（3）振荡感应器、微波及红外探头

振荡感应器、微波及红外探头等，是感应侦测装置部分。在防盗系统进入工作状态后，当这些感应侦测装置检测到车辆非常规振动或某一个车门被撬动和有非法进入车辆内部盗贼存在时，输入盗贼信号给防盗 ECU，防盗 ECU 驱动报警装置实施报警。

2. 防盗控制中心

防盗控制中心，即防盗 ECU，它要对实时输入被控或被测对象的信号经过计算、判断和处理后，根据其中预存的数据和编制的程序，从而确定车门是否锁止，车辆是否被非法移动、被盗以及控制各执行元件。

3. 执行元件

执行元件也称执行器，受防盗 ECU 控制。执行元件主要有具有报警功能的防盗报警喇叭、危险灯与前照灯；具有防止车辆被非法移动的切断起动机起动、切断燃油供给和切断点火系统高压电供给的控制器；指示防盗系统进入防盗状态的工作指示灯等。

4. 防盗系统的工作原理

当关闭点火开关且拔下点火钥匙，关闭车门并锁定车门、行李厢和发动机盖后，防盗安全报警系统便自动进入警戒状态。随后，防盗工作指示灯将闪烁。下列任何情况发生都会起动防盗安全系统进入工作状态：

（1）车门被强行打开。

（2）发动机盖被强行打开。

（3）不使用钥匙或遥控器开启车门。

（4）不使用钥匙或遥控器开启行李厢盖。

（5）点火开关被短路，发动机起动电路和蓄电池电路被旁路（部分车辆）。

报警系统启动后，报警器将立即报警，同时车辆的前照灯、侧标志灯、驻车灯和尾灯将随之闪烁，直到一定时间后自行停止，或者使用钥匙或遥控器打开任一车门时才停止。

二、汽车防盗系统的主要部件

1. 防盗传感器

防盗传感器的功用是检测汽车是否被盗。汽车防盗系统采用的传感器主要有以下几种：热释电式红外线传感器、超声波传感器、振动传感器（检测汽车的冲击）和玻璃破碎传感器。

1）热释电式红外线传感器

热释电式红外线传感器也称红外探头，通常安装在汽车内部驾驶员附近。它通过红外辐射变化来探测是否有人侵入车内。

热释电式红外线传感器的结构如图 6-3 所示。它主要由具有高热电系数的红外热释电体晶片和配合滤光镜片窗口组成。它能以非接触形式，检测出物体放射出来的红外线能量变化，并将其转换成电信号输出。当车内的红外线无变化或变化较小时，无电信号输出或输出的电信号较低；当红外线能量变化较大时，它就输出较高的电信号。

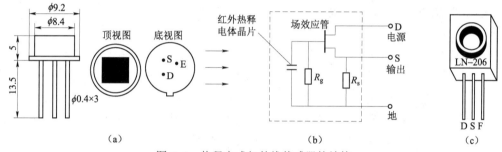

图 6-3　热释电式红外线传感器的结构
（a）金属封装；（b）内部电路；（c）塑料封装

2）超声波传感器

（1）超声波传感器的功用。超声波是频率在人耳可听音频范围以上（约 20 kHz 及以上）的声波。超声波传感器就是检测这种超声波的传感器。

（2）超声波传感器的结构。

超声波传感器的结构如图 6-4 所示，将两个压电元件（或一个压电元件和一片金属板）黏合在一起，称为双压电晶片；由一个压电元件构成的称为单压电晶片。超声波射在压电晶片上，使压电晶片振动就会产生电压信号；反之，在压电晶片加上一个电压也会产生超声波。

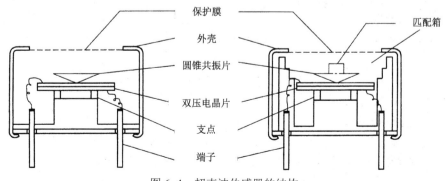

图 6-4　超声波传感器的结构

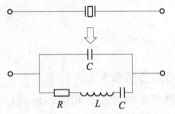

图6-5　超声波传感器的等效电路

（3）超声波传感器的工作原理。

如图 6-5 所示，超声波传感器可等效为一个电感、电容和电阻串/并联（共振）电路。超声波传感器有两个共振频率，低频的共振频率叫串联共振频率，在电阻、电感和电容的串联电路中振荡，这时的传感器阻抗最低；而在高频处的共振频率称为逆共振频率。试验证明：发送超声波传感器的灵敏度在串联共振频率上最高；接收超声波传感器在逆共振频率上具有最高灵敏度。

3）振动传感器

（1）振动传感器的功用。

振动传感器主要是用来检测汽车受到的冲击。当汽车受到冲击，其振动达到一定强度时，防盗电控单元输出信号，控制报警装置报警。

（2）振动传感器的类型。

振动传感器主要有压电式振动传感器、压缩式振动传感器、悬臂式振动传感器、压阻式振动传感器和磁致伸缩式振动传感器。

① 压电式振动传感器。

当外力使压电体产生应变时，在压电体的应变方向出现电荷，这种现象称为正压电效应。反之，当压电体受外电场作用时，压电体产生机械力，这种现象称为反压电效应。

利用正压电效应的原理可制作压电式振动传感器。

压电式振动传感器是利用压电陶瓷的压电效应构成不同使用要求的振动传感器。最常用的有三种：压缩式结构的振动传感器，调整通过中心孔的螺栓形质量块，它能检测出微小的振动，如图 6-6（a）所示。剪切式结构的振动传感器，它是将两块压电片对称地固定在轴的两侧，这种结构可忽略横向振动的影响，还能在高温环境中使用，如图 6-6（b）所示。弯曲式结构的振动加速度传感器，这种传感器结构简单，具有体积小、质量轻和灵敏度高等优点，但有阻抗高、脆性和难于与金属黏结等缺点，如图 6-6（c）所示。

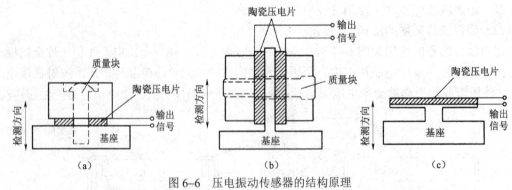

图6-6　压电振动传感器的结构原理
（a）压缩式；（b）剪切式；（c）弯曲式

② 压缩式振动传感器。

压缩式振动传感器的结构如图 6-7 所示，其中圆筒形质量块通过弹簧压在压电元件上。装有这种传感器的防盗系统能迅速检测出汽车的异常振动。

③ 悬臂式振动传感器。

　　悬臂式振动传感器如图 6-8 所示，压电双晶片一端固定而另一端悬臂，当固定端振动时，自由端也振动，从而使双晶片输出相应于其频率的电压，在双晶片共振频率时输出最大。其共振频率随双晶片自由端长度而变。

　　④ 压阻式振动传感器。

　　压阻式振动传感器是利用半导体应变片的压阻效应制成的，应变片式三维振动加速度传感器的结构如图 6-9（a）所示，互相垂直的三块弹簧钢制作的振动板的板面分别平行于 X、Y、Z 轴，振动板的顶端安装铅制的质量块，半导体应变片粘于振动板原点附近。当汽车承受某一振动时，由图 6-9（b）所示电路可检测出振动的强度，并输出电压信号。

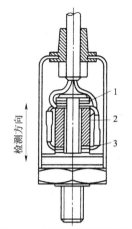

图 6-7　压缩式振动传感器

1—弹簧；2—质量块；3—压电元件

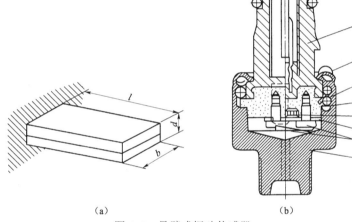

（a）　　　　　　（b）

图 6-8　悬臂式振动传感器

（a）原理图；（b）结构图

1—连接器；2—全部敛缝；3—基座；4—全部多点焊接；5—压电元件；6—压板；7—螺钉；8—外壳

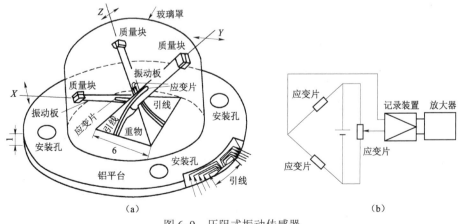

（a）　　　　　　　　　（b）

图 6-9　压阻式振动传感器

（a）结构图；（b）检测电路

⑤ 磁致伸缩式振动传感器。

如图 6-10 所示，磁致伸缩式振动传感器主要由永久磁铁、磁致伸缩杆、感应线圈和外壳等组成。伸缩杆用高镍合金制成，在其一端设置有永久磁铁，另一端安放在弹性部件上。感应线圈绕制在伸缩杆的周围，线圈两端引出电极与控制线路连接。当汽车产生振动时，传感器的伸缩杆就会随之产生振动，感应线圈中的磁通量就会发生变化。由电磁感应原理可知，线圈中就会感应产生交变电动势，即传感器就有信号电压输出。

4）玻璃破碎传感器

玻璃破碎传感器的原理如图 6-11 所示。玻璃破碎传感器是利用压电陶瓷对振动敏感的特性来接收玻璃受撞击和破碎时产生的振动波，然后转换成电信号输出，并将此信号输送给防盗电控单元。

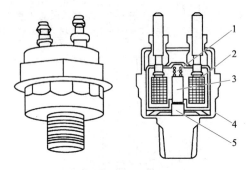

图 6-10　磁致伸缩式振动传感器的结构

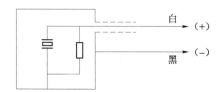

图 6-11　玻璃破碎传感器的原理

1—复位弹簧；2—感应线圈；3—磁致伸缩杆；4—壳体；5—永久磁铁

2. 遥控发射器与接收器

所谓无线遥控装置，就是对汽车车门开闭装置的执行器进行无线遥控的装置，在远离车辆的地方，进行车门的开闭。

无线遥控装置主要由遥控发射器（简称遥控器）和遥控接收器（简称接收器）组成，图 6-12 所示为无线遥控装置的基本组成方框图。

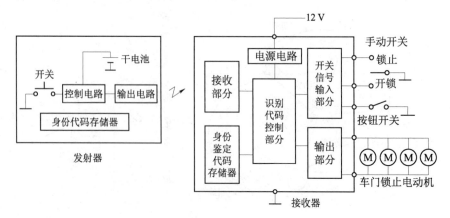

图 6-12　无线遥控装置的基本组成方框图

1）遥控器

（1）遥控器的功能。

当遥控操作开关接通时，读出存储在存储器中的功能代码和身份鉴定代码（固定代码+可变代码），经信号调制处理后，转换为红外线或无线电波式遥控信号，并向外输出（红外线方式中，脉冲调制后驱动发光二极管；而在无线电波方式中，高频调制后向发射天线供电）。其中，身份鉴定固定代码有 100 多万种；可变代码有 1 000 多种，功能代码有 4 种，共计 32 位的数据位。这些代码按照需要被存储在只读存储器（ROM）或随机存储器中。

（2）遥控器的基本组成。

图 6-13 所示为各种遥控器的外形。遥控器按照遥控信号的载体可分为红外线式遥控器、无线电波式遥控器以及超声波式遥控器，其中红外线式遥控器和无线电波式遥控器应用较为广泛。

图 6-13　各种遥控器的外形

① 红外线式遥控器。

图 6-14 所示为红外线式遥控器框图，它主要由发光二极管、控制电路、身份代码存储器、开关按钮和干电池等组成。

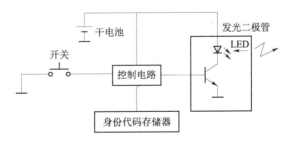

图 6-14　红外线式遥控器方框图

② 无线电波式遥控器。

图 6-15 所示为无线电波式遥控器框图。它主要由输出部分、控制电路、身份代码存储器、开关按钮和干电池等组成。输出部分由调制电路、高频振荡电路、高频放大电路以及发射天线等组成。

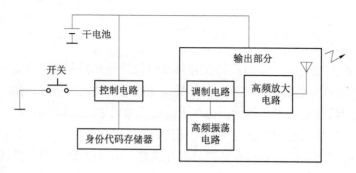

图 6-15　无线电波式遥控器框图

2）接收器

（1）接收器的功能。

接收器的功能对接收的信号进行放大和调制，检查身份鉴定代码是否相符，当代码一致时，判别功能代码并驱动相应的执行器。

在红外线方式的接收器中，利用光敏二极管把红外线信号变换为电压信号，进行放大和滤波。考虑使用环境，应具有对直射阳光、荧光灯、霓虹灯等的外部干扰不受影响的放大电路特性。与遥控器的发光二极管调制驱动频率相同，在 38 kHz 的频带域放大电路中进行放大，以提高其性能。

（2）接收器的基本组成。

① 红外线式接收器。

图 6-16 所示为红外线式接收器框图，它主要由电源电路、接收部分、身份鉴定代码存储器、身份鉴定控制电路、开关信号输入电路以及输出电路等组成。接收部分主要由接收遥控器信号的光敏二极管、放大器、选频放大器、检波器等组成。开关信号主要是指车门的手动开关的输入信号。输出电路主要是控制车门锁止电动机。

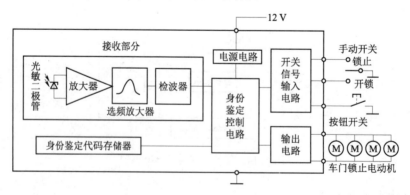

图 6-16　红外线式接收器框图

2）无线电波式接收器。

图 6-17 所示为无线电波式接收器框图，它主要由电源电路、接收部分、身份鉴定代码存储器、身份鉴定控制电路、开关信号输入电路以及输出电路等组成。接收部分主要由接收天线、射频放大器、局部振荡器、混频器、选频放大器、功率放大器、滤波器

等组成。开关信号主要是指车门的手动开关的输入信号。输出电路主要是控制车门锁止电动机。

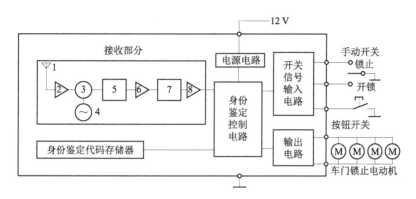

图 6-17 无线电波式接收器框图

1—接收天线；2—射频放大器；3—局部振荡器；4—混频器；5—选频放大器；6，7—功率放大器；8—滤波器

3）天线

（1）发射天线。

发射天线不必设置专用天线，可把车门钥匙兼作天线使用。

（2）接收天线。

接收天线的功用是接收遥控器输出信号。一般采用遥控专用天线、与收音机共用一个天线、采用镶嵌在汽车后风窗玻璃内的加热电阻线作为天线等多种形式。

第三节 桑塔纳 2000GSi 型轿车防盗系统

桑塔纳 2000GSi 型轿车配置了和德国大众帕萨特 B4 轿车一样的汽车防盗器。所谓汽车防盗器是一种点火开关打开后开始工作的电子防盗保护装置。采用使发动机不能发动，或能发动数秒钟后即中断的防盗方式（又称电子锁），可以有效避免汽车被无权使用的人开走。

一、桑塔纳 2000GSi 型轿车汽车防盗器的组成

桑塔纳 2000GSi 型轿车汽车防盗器由下列元件组成：带有脉冲转发器的汽车钥匙、识读线圈、防盗器 ECU（J362）、带可变代码的发动机 ECU（J220）以及防盗器警告灯，如图 6-18 所示。

车钥匙上的脉冲转发器和识读线圈是整个电子控制防盗系统的信号发生器，防盗器 ECU 是控制单元，而发动机 ECU 是执行器。

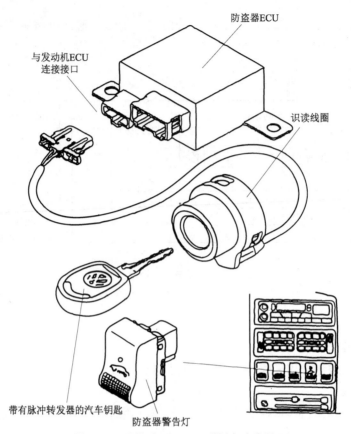

图 6-18　桑塔纳 2000GSi 型轿车防盗器

二、防盗器元件的功能

1. 脉冲转发器

脉冲转发器安装在车钥匙中，它是一种不需要电池来驱动的感应和发射元件。

当车钥匙插入锁孔并打开点火开关时，防盗器 ECU 把能量输送给识读线圈。由识读线圈把能量用感应的方式传送给脉冲转发器。这时，脉冲转发器接收感应能量后立即发射出"程控代码"，通过识读线圈把程控代码输送给防盗器 ECU，供其核对以识别合法性。每一辆车的车钥匙脉冲转发器都有不同的"程控代码"。

2. 识读线圈

识读线圈环绕在机械点火开关锁的外面，在点火开关置于"ON"时，把能量传送给车钥匙中的脉冲转发器，并把脉冲转发器中存储的程控代码输送给防盗器 ECU。

3. 防盗器 ECU

防盗器 ECU 安装在转向柱左边支架中央线路板上方。在点火开关置于"ON"时，激活脉冲转发器，通过识读线圈把它的程控代码接收回防盗器 ECU。防盗器 ECU 把输入的程控代码与先前存储在防盗器内的车钥匙代码进行核对是否正确。同时防盗器 ECU 又对发动机 ECU 存储在防盗器 ECU 中的代码核对是否正确。如果核对后，代码不一致，发动机在发动后 2 s 之内，中断点火和喷射而熄火。

由于防盗器 ECU 是经过与发动机 ECU 匹配后，才介入发动机电子控制系统中的，因此只有使用被装于汽车上的防盗器 ECU 匹配过并认可的车钥匙，才能安全起动发动机。

4. 防盗器警告灯

当使用合法的车钥匙打开点火开关时，安装在仪表台中部面板上的防盗器警告灯会点亮后熄灭（3 s 内）。如果使用非法的车钥匙，或者在防盗系统中存在故障，打开点火开关后，防盗器警告灯会连续不停地闪烁。

三、汽车防盗器的识别码与密码

1. 汽车防盗器的识别码

防盗器 ECU 有一个 14 位字符的识别码和一个 4 位数的密码。一辆新车，它的密码在该车的钥匙牌上，上面用黑胶纸封住。

如果钥匙牌丢失，通过大众专用故障诊断仪 V.A.G1552 或 1551，输入地址码 25 后，可从仪器显示屏上读取 14 位字符的识别号码。通过此号码，可由上海大众查到密码。

2. 汽车防盗器的密码

新车的密码被隐含在车钥匙牌上，剥去牌上的黑胶纸后可显示 4 位数密码。1999 年投放市场的桑塔纳 2000GSi 型轿车的防盗密码已粘贴在副驾驶员前面杂物箱内。车主应在购车后立即妥善保管好这个"密码"。

密码是用来解密和重新配置车钥匙的。如果钥匙牌丢失或遗忘了密码。必须先使用仪器获得 14 位字符的识别码，再通过大众公司服务热线查询密码。

匹配汽车钥匙，不管是重配还是增配钥匙都必须这样处理。

如果车主丢失了一把合法的钥匙，为了安全防盗，必须把其余钥匙都用仪器重新进行一次匹配过程。这样可以使丢失的钥匙变为非法钥匙（尽管形状、材料不变），不能起动发动机而起到防盗作用。

注意：输入 4 位数字密码之前，必须先输入一个"O"，否则防盗器 ECU 会锁死。如密码输错（操作失误），允许再输入一次，两次输错后，防盗器 ECU 会锁死。在点火开关打开的状态下等半小时后，还可以试两次。

四、桑塔纳 2000GSi 型轿车防盗系统的维修

1. 防盗器的自我诊断功能

桑塔纳 2000GSi 型轿车的汽车防盗器系统属电子控制系统。因此设有故障自我诊断功能和匹配、配匙功能。必须使用专用的上海大众故障诊断阅读仪和相应的操作程序来诊断故障和进行防盗器匹配。

1）自诊断检测条件

（1）被检测车辆蓄电池电压必须大于 11 V。

（2）将大众专用故障诊断仪 V.A.G1552 的插头与车内变速器操纵杆前的诊断插口连接。

（3）点火开关打开。

2）操作步骤

（1）点火开关拨到"ON"后，进入操作 1—车辆系统测试。屏幕显示：

Test of vehicle	HELP
Insert address word XX	
车辆系统测试	帮助
输入地址码 XX	

（2）输入防盗器地址码"25"。屏幕显示：

Test of vehicle	Q
25-Immobiliser	
车辆系统测试	Q
25-防盗器	

（3）按"Q"键确认。约 5 s 后，屏幕显示：

330 953 253 IMMO VWZ6ZOTO 123456 V01	→
Coding 00000	WSC 01205

此屏幕显示直接进入 01—查询防盗器 ECU 版本。

屏幕中：330 953 253 为防盗器 ECU 零件号；IMMO 为电子防盗系统缩写；VWZ6ZOTO 123456 为防盗器 ECU 14 位字符号，凭借此号可向大众公司维修热线查询防盗密码。V01 为防盗器控制单元软件版本；Coding 00000 为编码号（对修理站来讲无意义）；WSC 01205 为维修站代码，在使用 V.A.G1552 检修防盗器时，必须先输入维修站代码。

（4）按"→"键屏幕显示：

Test of vehicle	HELP
Select function XX	
车辆系统测试	帮助
选择功能 XX	

此时按"HELP"屏幕会列出以下可供选择的功能菜单：

02—查询故障；　　　　　05—清除故障存储；

06—结束输出；　　　　　08—读测量数据块；

10—匹配；　　　　　　　11—输密码。

3）防盗器故障代码的查询、清除及退出查询

（1）连接故障诊断仪 V.A.G1552，选择防盗器电子系统。屏幕显示：

Test of vehicle	HELP
Select function XX	
车辆系统测试	帮助
选择功能 XX	

（2）输入数字键"02"查询故障功能，并按"Q"键确认。屏幕显示：

X Fault recognized
发现 X 个故障

（3）按"→"键可以逐个显示故障代码和故障内容，直到全部故障显示完毕。

如屏幕显示"NO Faults recognized"即未发现故障，按"→"键，则退回到功能菜单。

（4）防盗器故障代码查询结束后，按"→"键退回到功能菜单。键入"05"数字键进入清除故障存储功能，并按"Q"键确认，就可清除防盗器 ECU 中的故障存储。屏幕显示：

Test of vehicle →
Fault memory is erased
车辆系统测试 →
故障存储已被清除

（5）输入"06"数字键进入结束输出功能，并按"Q"键确认。完成这一功能后，专用故障诊断仪退出防盗器诊断程序，回到待机状态。

4）防盗器故障码

表 6-1 所示为桑塔纳 2000GSi 型汽车防盗器故障码。

表 6-1　桑塔纳 2000GSi 型汽车防盗器故障码

故障代码	显示器内容	故障现象	故障排除
65535	防盗器 ECU 损坏	警告灯亮 发动机不能起动	更换新件并重新匹配
00750	警告灯故障对地短路/开路（线路损坏） 对正极短路（警告灯坏）	警告灯亮 警告灯不亮	检修线路 更换损坏的警告灯
01128	防盗识读线圈损坏 线路开路/短路	警告灯闪烁发动机不能起动	检修线路 更换识读线圈
01176	钥匙转发器坏信号太弱 识读线圈损坏 非法钥匙	警告灯闪烁发动机不能起动	配制新车钥匙，完成所有钥匙匹配程序 更换识读线圈 配制合法钥匙
01177	发动机 ECU 更换后没有匹配 连接线路开路/短路	警告灯闪烁发动机不能起动 警告灯不亮	完成发动机 ECU 和防盗器 ECU 的匹配程序，检查两 ECU 之间线路
01179	配匙程序不正确	警告灯快速闪烁	查询故障，清除存储 完成车钥匙匹配程序

2. 桑塔纳 2000GSi 型防盗器电路

图 6-19 所示为桑塔纳 2000GSi 型防盗器电路。

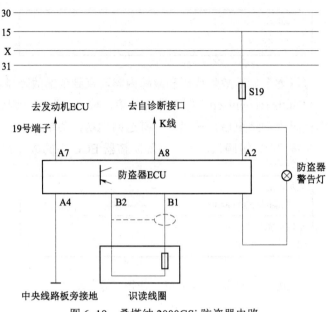

图 6-19　桑塔纳 2000GSi 防盗器电路

3. 桑塔纳 2000GSi 型防盗器匹配程序

1）发动机 ECU 更换后的匹配程序

发动机 ECU 在修理中更换，则必须重新与防盗器 ECU 进行匹配。匹配程序如下：

（1）必须使用一把原车合法钥匙。

（2）连接仪器，打开点火开关，输入"25"防盗器地址码，按"Q"键确认。屏幕显示：

Test of vehicle	HELP
Select function XX	
车辆系统测试	帮助
选择功能 XX	

（3）按"→"键，选择功能，输入"10"防盗器匹配功能后，屏幕显示：

Test of vehicle	Q
10–Adaptation	
车辆系统测试	确认
10–匹配	

（4）按"Q"键确认，屏幕显示：

Adaptation
Feed in channel number XX
匹配
输入频道号 XX

（5）此时输入"00"频道号并按"Q"键确认，屏幕显示：

Adaptation	→
Learned values have been erased	
匹配	→
已知数值已被清除	

（6）按"→"键完成匹配程序，仪器返回待机状态。由于点火开关是在"ON"状态，发动机新配的 ECU 随机代码就被防盗器 ECU 读入并储存，原发动机 ECU 的代码则被清除。

（7）由于拆下原配发动机 ECU 是在断电情况下操作的，新 ECU 匹配后，还要使用车辆系统测试"01"地址的"04"基本数据设定功能进行一次基本设定。

2）防盗器 ECU 更换后的匹配

（1）防盗器 ECU 在修理中更换，或试用一个从别的车上拆下来的防盗器 ECU 装车，都必须用仪器重新做一次发动机 ECU 与防盗器 ECU 的匹配。其操作程序与上述相同。

（2）此外，还必须把所有车钥匙都重新做一次钥匙匹配。

3）匹配汽车钥匙

桑塔纳 2000GSi 型轿车，新配车钥匙，更换防盗器 ECU，都必须用仪器进行一次钥匙匹配。

此功能能将以前所有合法钥匙的代码清除，重编新的合法代码。如果用户遗失一把合法的钥匙，只要将其他钥匙重新完成一次匹配钥匙程序，那么丢失的钥匙就变为非法钥匙，不能起动发动机。匹配钥匙最多不能超过 8 把。

匹配汽车钥匙程序如下：

（1）必须知道密码。如果丢失，可用仪器先查出 14 位字符后，向大众公司服务热线求得。

（2）连接 V.A.G1552，打开点火开关，输入"25"防盗器地址码，按"Q"键确认。

按"→"键选择输密码功能。

输入"11"，按"Q"键确认，屏幕显示如下：

Login procedure	
Enter code number XXXXX	
输入密码	
输入密码号 XXXXX	

（3）将密码号在 4 位数字前加"0"，如 08888 并输入。

按"Q"键确认，如果正确，则可回到功能菜单去进行下一步"匹配"。如果屏幕显示如下：

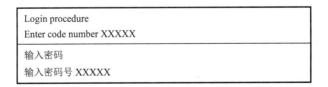

Function is unknown or	
Cannot be carried out at moment	
功能不清或	
此刻不能执行	

则表明密码号错误，必须重新输入正确的密码。如果连续两次输错，必须输入"06"退出防盗器自诊断程序，在点火开关接通（打开）的情况下等待 30 min 以后再进行。

（4）匹配钥匙。

输入"10"匹配功能并按"Q"键确认，屏幕显示：

| Adaptation |
| Feed in channel number XX |
| 匹配 |
| 输入频道号 XX |

输入"21"频道号，按"Q"键确认，屏幕显示：

| Channel 21 Adaptation　　2　　　　　→ |
| 　　　　　　　　　　　　　　<−1　　−3> |
| 频道 21 匹配 2　　　　　　　　　→ |
| 　　　　　　　　　　　　　　<−1　　−3> |

汽车钥匙数量可根据需要输入 0～8 数字，上面屏幕中的 2，表示已有 2 把合法的钥匙储存。此时键入"1"则表示要减少 1 把钥匙，键入"3"则表示增加 1 把钥匙。直到屏幕右上角的数字符号需要数为止。注意：如果输入"0"表示全部钥匙都变为非法，将不能起动发动机。

按"→"键，屏幕显示：

| Channel 21 Adaptation　　5　　　　　→ |
| Enter adaptation value XXXXX |
| 频道 21 匹配 5　　　　　　　　　→ |
| 输入匹配钥匙数 XXXXX |

如需匹配 5 把钥匙，则输入"00005"，并按"Q"键确认。

继续按"Q"键，直到屏幕显示：

| Channel 21 Adaptation　　5　　　　　→ |
| Changed value is stored |
| 频道 21 匹配 5　　　　　　　　　→ |
| 改变的钥匙已储存 |

按"→"键，回到待机状态，输入"06"结束输出功能，按"Q"键确认，此时在汽车点火锁上的这把钥匙匹配完毕。

关闭点火开关，然后换入另一把钥匙，打开点火开关至少 1 s 后，重复上述操作，把所有的钥匙都匹配完毕。

（5）操作提示。匹配钥匙的操作过程应在 30 s 内完成，并必须打开点火开关，否则无效。

如果操作过程中发现错误，如将已匹配好的钥匙再次进行匹配，则防盗警告灯以快速闪亮（2次/s）报警，读出过程自动中断。如果要匹配的钥匙中转发器是坏的，或钥匙中没有转发器，匹配将不能完成。

每次匹配钥匙的操作过程顺利完成后，防盗警告灯则点亮2 s，然后熄灭0.5 s，再亮0.5 s后熄灭，表示过程完成。

对匹配好的钥匙都必须试用一下，或进入"02"故障查询功能检查一下以确认最终完成匹配。

4）读测量数据块

（1）输入08"读测量数据块"功能，按"Q"键确认，屏幕显示：

Read measuring value block	HELP
Enter display group number XX	
读测量数据块	帮助
输入显示组号 XX	

（2）输入显示组号22，按"Q"键确认，屏幕显示：

Read measuring value block 22		→	
1	2	3	4
读测量数据块		→	
1	2	3	4

钥匙实数

钥匙状态
1=是　钥匙转发器正确
0=否　汽车钥匙匹配不对或转发器无效

发动机控制单元回答
1=正确
0=不正确

允许起动
1=允许起动
0=不允许起动
汽车钥匙匹配不对或发动机控制单元与防盗器控制单元没有匹配

参 考 文 献

[1] 余志生. 汽车理论 [M]. 北京：机械工业出版社，2006.

[2] 冯崇毅，付百学. 汽车电子控制技术 [M]. 北京：机械工业出版社，2006.

[3] 陈家瑞. 汽车构造 [M]. 北京：人民交通出版社，2006.

[4]《汽车工程手册》编辑委员会. 汽车工程手册 [M]. 北京：人民交通出版社，2001.

[5] 刘惟信. 汽车制动系的结构分析与设计计算 [M]. 北京：清华大学出版社，2004.

[6] 刘艳梅. 电子技术在现代汽车上的发展与应用 [J]. 中国科技信息，2006，（01）.

[7] 何玉军. 国内外汽车电子技术应用现状 [J]. 电子产品世界，2000，（05）.

[8] 孙泷. 现代信息电子技术在汽车上的应用和发展 [J]. 上海汽车，2001，（10）.

[9] 李磊，商达. 现代汽车上电子技术的应用 [J]. 现代电子技术，2004，（08）.

[10] 顾晔. 电子控制技术在汽车上的应用 [J]. 汽车研究与开发，2005，（09）.

[11] 仲子平，余文明. 现代汽车电子控制技术的应用及发展趋势 [J]. 现代机械，2003，（03）.